Rugby – Alles, was man wissen muss

Allgemeiner Hinweis:

Aus Gründen der besseren Lesbarkeit haben wir uns entschlossen, durchgängig die männliche (neutrale) Anredeform zu nutzen, die selbstverständlich die weibliche mit einschließt.

Das vorliegende Buch wurde sorgfältig erarbeitet. Dennoch erfolgen alle Angaben ohne Gewähr. Weder der Autor noch der Verlag können für eventuelle Nachteile oder Schäden, die aus den im Buch vorgestellten Informationen resultieren, Haftung übernehmen.

RALF IWAN

RUGBY

★ ★ ALLES, WAS MAN WISSEN MUSS ★ ★

***
SPIELER
REGELN
EVENTS
***

MEYER & MEYER VERLAG

Rugby – Alles, was man wissen muss

Bibliografische Information der Deutschen Nationalbibliothek
Die Deutsche Nationalbibliothek verzeichnet diese Publikation in der Deutschen Nationalbibliografie; detaillierte bibliografische Details sind im Internet über <www.dnb.de> abrufbar.

Auckland, Beirut, Dubai, Hägendorf, Hongkong, Indianapolis, Kairo, Kapstadt, Manila, Maidenhead, Neu-Delhi, Singapur, Sydney, Teheran, Wien
Gesamtherstellung (Druck): Bookwire, Frankfurt, www.bookwire.de

MIX
Papier | Fördert gute Waldnutzung
FSC® C083411

Member of the World Sport Publishers' Association (WSPA)
ISBN 978-3-8403-7647-4

Hersteller im Sinne der GPSR:
Meyer & Meyer Fachverlag & Buchhandel GmbH
Von-Coels-Straße 390, 52080 Aachen
www.dersportverlag.de
E-Mail: kontakt@m-m-sports.com

INHALT

VORWORT VON JAN LÜDEKE

Ich erinnere mich noch genau an diesen grauen Tag im Herbst 2007. Als Student schrieb ich nebenbei für den Lokalsport einer Zeitung, die Redaktion hatte mich zum Rugby geschickt, 2. Bundesliga, irgendein Sportfeld im Nordteil des Englischen Gartens in München. Das Spiel lief bereits, ich sah matschverschmierte Kerle, die mit voller Wucht ineinanderrannten, irgendwie versuchten, sich einen Weg durch die gegnerischen Körper zu bahnen. Mein erster Gedanke zu diesem Sport, den ich vorher eigentlich nie wahrgenommen hatte: „Was zur Hölle?" Ein paar Minuten später hatte ich die Basisregeln verstanden, wenige Wochen später probierte ich es selbst aus, nur einige Monate später war ich selbst einer dieser matschverschmierten Kerle.

Wenn ich heute, 12 Jahre später, sage, dass Rugby mich als Mensch enorm geprägt hat und der Verein, die Mannschaft, meine zweite Familie geworden sind, dann ist das die sehr kurze Zusammenfassung einer Liebesgeschichte.

In Deutschland hat Rugby bis heute das Image eines Sports, bei dem sich Raufbolde die Köpfe einschlagen. Klar, Rugby ist hart, aber eine solche Fairness und so großen Respekt wie in diesem Sport habe ich noch nie erlebt. Allein den Kapitänen ist es vorbehalten, mit dem Schiedsrichter zu sprechen, dessen Entscheidungen werden kommentarlos hingenommen, selbst wenn sie falsch sein mögen. Auf dem Feld versucht man, so hart es nur geht, zu spielen, nach dem Abpfiff zollt man seinem Gegner Respekt, trifft sich mit all den blauen Flecken, die man sich gegenseitig zugefügt hat, auf ein Bier und sinniert darüber, wer wohl das härteste Tackle im Spiel gesetzt hat. Dieses Gefühl, auf dem Feld alles für seine Mitspieler zu geben und genau dasselbe von 14 Männern zurückzubekommen, ist unbeschreiblich (dasselbe gilt natürlich auch für Frauen-Rugby).

Dass die Rugby-WM das drittpopulärste Sportturnier weltweit hinter den Olympischen Spielen und der Fußball-WM ist, oder die Six Nations sportartenübergreifend das Turnier mit dem höchsten Zuschauerschnitt weltweit sind, sagt einiges über die Faszination von Rugby aus. Es wäre nur wünschenswert, dass in Deutschland auch mehr Menschen mit diesem wundervollen Sport in Berührung kommen – egal, ob aktiv oder als Zuschauer. Ich hoffe, dass dieses Buch von Ralf Iwan vielen Interessierten Rugby näherbringen kann. Für den Besuch eines ersten Spiels empfehle ich übrigens einen grauen Herbsttag. Es gibt nichts Schöneres, als ein Rugbyspiel bei Schmuddelwetter.

Jan Lüdeke (als „Stimme des deutschen Rugbys" bekannt von TV-Übertragungen bei Eurosport, DAZN und Pro7 Maxx sowie als Stadionsprecher der Oktoberfest 7s)

VORWORT VON RALF IWAN

Mit Rugby – in Deutschland weitgehend unbekannt bis Anfang des Jahrtausends – kam ich zum ersten Mal während meines ersten beruflichen Auslandsaufenthalts in Kontakt. Im Jahr 2000 zog ich mit Familie nach Manchester und begann meine Arbeit als Regional Performance Manager für *UK Athletics*. Zu diesem Zeitpunkt veränderte sich die Sportlandschaft in Großbritannien und *UK Athletics*, der nationale Spitzenverband in der Leichtathletik für das gesamte Königreich, unterzog sich einer radikalen Umstrukturierung.

Als Teil dieses strategischen Plans wurde eine ganze Reihe ausländischer Trainer, Sportwissenschaftler und Sportmediziner verpflichtet, die der damals verstaubten, britischen Leichtathletik neues Momentum und natürlich bessere Leistungen bei Olympischen Spielen und Weltmeisterschaften bringen sollten. Obwohl meine Arbeit nach fünf Jahren als Trainer nun mehr mit Managementaufgaben und Administration zu tun hatte, zog es mich neben der Arbeit am Schreibtisch auch wieder auf die Tartanbahn und zum Coaching.

Es dauerte nicht lange, bis ich mit dem Dreispringer Tosin Oke den ersten Athleten in meiner kleinen Trainingsgruppe hatte. Wer jemals den Nordwesten Englands besucht hat, weiß, dass die Wetterverhältnisse, gelinde gesagt, bescheiden sind und es vor allem im Winter kalt und sehr, sehr nass wird ... . Die tollen Sportanlagen in Eastlands, mit dem Stadion, in dem heute Manchester City spielt, gab es damals noch nicht und so suchten wir uns im Süden von Manchester ein kommerzielles Fitness- und Sportzentrum, in dem man nicht nur das Krafttraining absolvieren konnte, sondern das sogar über eine ca. 50 m lange Laufbahn verfügte.

Wenige Wochen nach dem Start unseres Trainings im Frühjahr 2001 bekamen wir neue Trainingspartner bei *Total Fitness* in Wilmslow: die Profimannschaft der Sale Sharks, dem Premiership Rugbyverein aus Manchester. Bis zu diesem Zeitpunkt kannte ich die Sportart nur am Rande, hatte bei unseren Trainingslagern mit den deutschen Stabhochspringern in Südafrika zwar im Fernsehen die Sportart gesehen, aber weder die Regeln verstanden noch Kontakt mit Spielern bekommen.

In Wilmslow trainierten nun Rugbyprofis neben uns und teilten sich mit Tosin den Hantelbereich. Ich gebe zu, dass ich in den ersten Wochen gehörigen Respekt vor den Jungs hatte, denn die etwas ruppige und direkte Art war ich so aus der Leichtathletik nicht gewohnt. Nach wenigen Wochen kam dann der Cheftrainer des Teams auf mich zu und fragte mich, ob ich nicht mit seinen Spielern im Sprint und an der Schnelligkeit arbeiten wolle. Die Spieler wären zwar alle von den Kraftwerten recht gut, aber es fehle noch an Schnelligkeit und Spritzigkeit.

Ich fühlte mich natürlich auf der einen Seite geehrt, dass mich ein Trainer aus einer anderen Sportart anspricht, um neue Impulse im Training bei seinen Sportlern zu setzen. Aber auf der anderen Seite hatte ich zu diesem Zeitpunkt keinerlei Ahnung vom sportlichen Profil der Sportart und wusste nicht, wie ich als Leichtathletiktrainer bei den Hünen ankommen, ja, ernst genommen würde. Da ich immer offen für neue Erfahrungen bin, nahm ich den kleinen Nebenjob an. Ein Grund dafür war sicherlich auch der bewundernde Blick meines Dreispringers Tosin Oke, als mich der Trainer ansprach. Um es gleich vorwegzunehmen. Meine Befürchtungen, nicht bei den Rugbyprofis akzeptiert zu werden, bewahrheiteten sich nicht. Vom ersten Tag war ich von der Disziplin und vom Teamgeist, aber auch vom Trainingseifer der Spieler begeistert. Echte Profis eben, aber nicht im Sinne von Geld zu verdienen mit dem Sport, sondern professionell zu sein, bei dem, was sie machen: Rugby trainieren und spielen. Es folgten spannende Wochen mit den Sale Sharks und einige Einladungen zu Meisterschaftsspielen für mich und meine Familie.

Das alles ist nun 18 Jahre her und ich habe seitdem die Entwicklung des Rugbysports mit Interesse verfolgt, seit der Wiederaufnahme von Rugby in das olympische Programm 2009 dann auch noch stärker mit dem Fokus auf Deutschland.

Mit meinem Buch möchte ich Sportinteressierten einen Einblick geben in eine von Werten geprägte Sportart, die weltweit mehr und mehr Fans gewinnt und Kinder, Jugendliche und Erwachsene gleichermaßen begeistert.

Ralf Iwan

★ 1 ★

EINLEITUNG

Seit den Olympischen Spielen 2016 in Rio de Janeiro erfährt der Rugbysport weltweit einen enormen Boom. Insbesondere das olympische 7er-Rugby ist weltweit auf dem Vormarsch und mehr als 12 Millionen Menschen jeden Alters und Geschlechts in mehr als 120 Ländern spielen das Spiel mit dem „Ei". Dabei vermittelt die sehr physische, dynamische und spektakuläre Sportart die Werte wie Teamgeist, Fairness, Respekt und Disziplin.

Aber nicht nur die Zahl der Spieler steigt weltweit. Das Medien- und Zuschauerinteresse am Rugby World Cup, der 7er-Rugbyweltmeisterschaft und den World-Series-Turnieren nahm in den vergangenen Jahren beständig zu und so ist der Rugby World-Cup mittlerweile nach den Olympischen Spielen und den Fußballweltmeisterschaften das drittgrößte Sportereignis der Welt.

Auch in Deutschland, wo die Sportart eine Randsportart ist, steigt das Interesse an Rugby stetig und die Mitgliederzahlen der Vereine haben durchweg zweistellige Zuwachsraten. Keine Mannschaftssportart verzeichnete in den vergangenen Jahren einen solchen Zuwachs.

Und einer Umfrage des Weltverbandes World Rugby zufolge, die die renommierte *Sport Agentur Nielsen* 2018 durchführte, dürfte die Sportart weiterhin wachsen. *Nielsen Sport* zufolge hat der Sport demnach weltweit fast 800 Millionen Anhänger, während sich mehr als 338 Millionen als wirkliche Fans betrachten. Dies bedeutet, dass jeder neunte Mensch auf dem Planeten sich als Rugbyanhänger betrachtet.

China und die USA mit 33 Millionen Fans, Indien mit 25 Millionen Fans sind die größten Märkte. Die Topnation in Europa ist Frankreich, mit 20 Millionen Fans. Das Gastgeberland des Rugby World Cups 2019, Japan, ist mit 14 Millionen Fans ebenfalls in den Top Ten der Fannationen vertreten.

Die Studie von *Nielsen Sport*, die in 88 Ländern durchgeführt wurde, spiegelt vor allem ein starkes Wachstum seit den Olympischen Spielen 2016 in Rio de Janeiro wider, als die olympische Variante der Sportart zum ersten Mal seit 1928 wieder ausgetragen wurde. Damit stieg die Anzahl der Fans von 2013 bis 2018 um 24 %! Starke Wachstumsmärkte sind Brasilien, China, Indien, Mexiko und die USA. So haben die einwöchigen Rugby 7er-Weltmeisterschaften 2018 in San Francisco mehr als 100.000 Zuschauer live im Stadion miterlebt.

Überhaupt scheint das olympische 7er-Rugby laut *Nielsen Sport* der Treiber der positiven Entwicklung der Sportart Rugby zu sein. Schnell, athletisch und übersichtlich ist die Spielvariante und gewinnt so immer mehr Fans. Nach den Olympischen Spielen 2016 stieg die Zahl der Fans um immerhin 16,8 Millionen laut dem Marktforschungsbericht.

Hier noch ein paar Facts aus der Umfrage von Nielsen Sport

- ★ Das Durchschnittsalter eines Rugbyfans liegt bei 36 Jahren.
- ★ In den neuen Märkten interessieren sich vor allem jüngere Menschen für das Spiel.
- ★ 36 % der Rugbyfans weltweit sind Frauen oder Mädchen.

- ★ In den neuen, aufstrebenden Ländern liegt der entsprechende Wert bei 34 %.
- ★ USA, China, Indien, Mexiko, Brasilien und Japan gehören zu den Top Ten der Fannationen.
- ★ Teilnehmer heben die Werte des Rugbysports, Spaß und die Gesundheitsvorteile als Hauptanziehungspunkte für das Spiel hervor.

Der Präsident von World Rugby, Bill Beaumont, zeigt sich denn auch hocherfreut über die Entwicklung der Sportart weltweit, vor allem, dass man jüngere Fans auch in nicht traditionellen Rugbyländern anzieht.

Nach all den positiven Zahlen nun aber zum Sport und zum Spiel selbst.

1.1 WAS IST RUGBY?

Wer über Rugby spricht, der meint meistens *Rugby Union* – einen Code der Sportart Rugby. Auch wenn sich dieses Buch mit *Rugby Union* befasst, ist es aber streng genommen nur die eine Hälfte des Spiels, denn es gibt auch die Spielvariante *Rugby League* bei der u. a. auch Weltmeisterschaften ausgetragen werden.

Zunächst aber zu *Rugby Union*. Die Grundidee von Rugby Union ist schnell erzählt: 15 Spieler müssen den Ball von ihrer eigenen Spielhälfte an das andere Ende des Spielfeldes befördern und dort im sogenannten *Malfeld* ablegen. Für den sogenannten *Versuch* gibt es fünf Punkte und zwei weitere Punkte, wenn der Ball in Form eines *Erhöhungskicks* zwischen die zwei 12 Meter hohen Torpfosten gekickt wird. Die Spieler dürfen mit dem Ball laufen, so lange sie wollen, dürfen aber den Ball nur zu einem Mitspieler passen, der hinter ihnen läuft.

Der Gegner kann versuchen, an den Ball zu kommen, indem er den ballführenden Spieler durch ein Tackle zu Boden bringt. *Tackles* sind in den Spielregeln des Rugbysports sehr klar und genau geregelt. So dürfen Tackles nur unterhalb der Schultern durchgeführt werden. Jedes Tackle am Hals oder der Schulter ist strengstens verboten. Nach einer Spielzeit von 80 Minuten – 40 Minuten je Halbzeit – ist das Spiel zu Ende. Dabei kann es durchaus auch ein Unentschieden geben.

Der zweite angesprochene Code ist *Rugby League*. Der Unterschied zwischen *Rugby Union* und *Rugby League* liegt neben einigen Regelunterschieden auch in der Anzahl der Spieler. Eine Rugby-League-Mannschaft besteht aus 13 Spielern, die gleichzeitig auf dem Feld stehen und spielen. Die Spielidee ist die Gleiche wie beim Rugby-Union-Spiel, wenngleich ein *Try* – also ein Versuch – lediglich vier Punkte einbringt.

Der Hauptunterschied zwischen den beiden Codes sind die Regeln nach einem Tackle, denn es gibt keine *Rucks* oder *Mauls*. Dazu später mehr. Es wird nicht um den Ballbesitz gekämpft, sondern nach sechs erfolgreichen

Tackles wechselt der Ballbesitz automatisch. Daher wird häufig nach fünf Tackles gekickt, um die gegnerische Mannschaft in eine möglichst schlechte Startposition bringen. Im Rugby League sind deutlich härtere und höhere Tackles erlaubt als bei Rugby Union. Das Spielfeld beim Rugby League ist deutlich schmaler, wodurch es zu mehr Kontakt zwischen den Spielern kommt.

Zurück zu Rugby Union. Die olympische Variante von Rugby Union ist das 7er-Rugby. Hier spielen sieben Spieler auf jeder Seite, die gleiche Spielidee, die gleiche Spielfeldgröße, aber nur zweimal sieben Minuten Spielzeit. Dadurch, dass die Spieler mehr Platz haben, ist das Spiel natürlich deutlich schneller, mit spektakulären Spielszenen und für den Zuschauer übersichtlicher. Aufgrund der geringen Anzahl der Spieler verlangt das 7er-Rugby den Spielern in kurzer Zeit konditionell eine Menge ab. Dementsprechend ist die Spielzeit des olympischen 7er-Rugbys auf zweimal sieben Minuten begrenzt, mit einer Minute Halbzeitpause. Im Gegensatz zum 15er-Rugby wird das 7er-Rugby in Turnierform ausgetragen.

1.2 KLEINE REGELKUNDE

Wir steigen nun etwas tiefer in die Regeln ein. Das Regelheft des Weltverbandes World Rugby umfasst mehr als 190 Seiten, aber mit den folgenden Regeln kann man ein Spiel schon sehr gut verstehen und Schiedsrichterentscheidungen nachvollziehen.

Bei der 15er-Variante des Rugby Union treten 15 Spieler pro Mannschaft gegeneinander an. Das Spielfeld ist 100 m lang zwischen den Torpfosten beider Teams und 70 m breit.

1.2.1 Die Spielidee

Der Ball muss von einem Spieler einer Mannschaft im Malfeld (*Try Zone*) der gegnerischen Mannschaft abgelegt werden. Dabei darf der Spieler den Ball über beliebig weite Strecken tragen, ihn mit der Hand an einen Mitspieler abgeben oder mit dem Fuß nach vorne spielen. Ein Pass mit der Hand darf stets nur exakt seitlich oder nach hinten erfolgen, ansonsten führt der Spieler einen regelwidrigen *Forward Pass*, einen Vorwurf, aus, der mit einem *Scrum* geahndet wird.

Der Spieler in Ballbesitz darf festgehalten oder durch ein Tackling zu Boden gebracht werden. Der Ballbesitzer seinerseits kann andere Spieler, die ihn tackeln bzw. tief halten wollen, mit der Hand beiseiteschieben.

Gepunktet wird auf verschiedene Weise: Fünf Punkte bringt ein sogenannter *Versuch*, das Ablegen des Balls im Malfeld des Gegners (ähnlich dem „Touchdown" im American Football). Weitere zwei Punkte ist die darauf folgende Erhöhung wert, ein Schuss über die Latte des H-förmigen Tores. Je drei Punkte gibt es für Straftritte nach Regelverstößen und Dropkicks aus dem laufenden Spiel.

1.2.2 Die Mannschaft

Maximal sind 15 Spieler pro Mannschaft auf dem Feld und jedes Team kann bis zu acht Ersatzspieler einsetzen. Die Rückennummern der Stammspieler zeigen ihre Spielpositionen an. Die Nummern 1 bis 8 sind Stürmer (*Forwards*), die Nummern 9 und 10 sind *Half-Backs*, die Nummern 11 bis 15 bilden die Hintermannschaft (*Backs*). Hauptaufgabe der bulligen Stürmer ist die Ballsicherung. Das Angriffsspiel dominieren die flinken, technisch versierten Spieler der Hintermannschaft.

Die Namen der Positionen und ihre Aufgaben im Spiel:

Loose-Head Prop (linker Pfeiler): Spieler links in der ersten Gedränge-Reihe, üblicherweise mit Trikotnummer 1.

Hooker (Hackler): Spieler in der Mitte der ersten Gedrängereihe, üblicherweise mit Trikotnummer 2.

Tight-Head Prop (rechter Pfeiler): Spieler rechts in der ersten Gedrängereihe, üblicherweise mit Trikotnummer 3.

Locks: (Zweite-Reihe-Spieler) Zwei Spieler, die die zweite Reihe bilden und die erste Reihe nach vorne drücken, üblicherweise mit Trikotnummern 4 und 5.

Flanker: Die Nummern 6 und 7 bilden die rechte und linke Flanke des Gedränges, deswegen nennt man sie auch Flügelstürmer.

Number 8: Er dirigiert das Gedränge für sein Team von der hinteren Position aus, üblicherweise mit Trikotnummer 8.

Scrum-Half (Half-Back): Dieser Spieler dirigiert die Stürmer und bringt den Ball bei einem Gedränge wieder ins Spiel. Gemeinsam mit dem nachfolgenden Spieler mit der Nummer 10 bildet er die Achse der Spielmacher.

Fly-Half (Verbinder): Offensivspezialist und Spielmacher der Mannschaft, üblicherweise mit Trikotnummer 10.

Wings (Außendreiviertel): Die schnellen Renner auf den Spielfeldseiten, üblicherweise mit den Trikotnummern 11 und 14.

Inside Center (Innendreiviertel): Tacklespezialist, wahrscheinlich etwas schwerer als der Durchschnitt der Spieler, üblicherweise mit Trikotnummer 12.

Outside Center (Innendreiviertel): Die spielfreudige Innenpaarung bilden in der Regel Spieler mit den Trikotnummern 12 und 13. Beides sind zumeist technisch versierte Spieler, die sowohl stark verteidigen als auch mit spielerischem Witz attackieren.

Fullback: Der Spieler trägt die Nummer 15 und bildet oft den letzten Verteidigungsposten. Im Angriff stellt er meist den Überzahlspieler und ist das, was man beim Fußball früher den Libero nannte.

1.2.3 Das Spiel beginnt

Das Match beginnt mit einem Ankick. Ähnlich wie bei anderen Mannschaftssportarten, entscheidet zu Beginn des Spiels der Münzwurf des Schiedsrichters, welcher der beiden Mannschaftskapitäne sich entweder für einen Kick-off oder eine Spielseite entscheiden kann. Nach der Halbzeit wechseln beide Mannschaften die Seiten und die jeweilig andere Mannschaft startet das Spiel mit dem Kick-off.

Auffallend für den Zuschauer: die ungewohnte Form der Tore, die wie große „Hs" aussehen. Auf den zweiten Blick fällt auf, dass die Linien auf dem Feld sich deutlich von einem Fußballfeld unterscheiden, insbesondere geht das Spielfeld hinter den Toren noch weiter! Dieser Bereich jenseits der Goallinie (Mallinie) wird *In-Goal-Area* (Malfeld) genannt. Legt ein Angreifer den Ball dort ab, hat er einen *Try* (Versuch) erzielt und seiner Mannschaft fünf Punkte beschert. Dabei reicht es nicht nur, dass der Spieler mit dem Ball das Malfeld erreicht, sondern vielmehr muss er den Ball mit dem Oberkörper oder mit der Hand auf den Boden pressen.

Nach einem Try darf ein beliebiger Spieler der auf diese Weise erfolgreichen Mannschaft versuchen, eine *Conversion*, eine Erhöhung, zu erzielen, um zwei weitere Punkte zum Spielergebnis beizutragen. Dabei spielen nun die Tore eine Rolle, denn das Ziel besteht darin, den Ball oberhalb des H-Querbalkens durch das Tor zu schießen. Auch mit einem *Penalty-Kick* bzw. Straftritt sowie einem Drop-Kick aus dem Spiel heraus kann man durch einen Schuss über den Querbalken drei Punkte erzielen.

Um die Gesundheit der Spieler zu schützen, sind *Tackles* im Rugby sehr klar und genau geregelt. So dürfen Tackles nur unterhalb der Schulter durchgeführt werden. Jedes Tackle am Hals oder der Schulter ist strengstens verboten und wird rigoros geahndet.

Wird ein ballführender Spieler vom gegnerischen Spieler gestoppt oder zu Boden gebracht, versucht dieser, den Ball hinter sich zu legen, wo der Gegner nur schwer an ihn herankommt. Die Grundregel lautet, dass alle Spieler stets nur von der eigenen Seite aus in das Spiel eingreifen dürfen, wobei der Ball die imaginäre Grenze darstellt.

Bewegt sich ein Spieler auf die „andere Seite des Balls", steht er im *Offside*, im Abseits. Jeder Spieler muss sich daher zunächst wieder ins *Onside* begeben, bevor er in das Spiel eingreift.

Ganz anders als im American Football findet so ein ständiger Wechsel zwischen Angriff und Verteidigung statt. Bei Verletzungen wird das Spiel übrigens meistens nicht unterbrochen. Kürzere Behandlungen finden einfach auf dem Platz statt, sodass das Spiel nicht gestört wird. Unterbrochen wird das Spiel nur, wenn der Ball oder der ballführende Spieler das Spielfeld verlassen sowie bei einem Regelverstoß.

Dann gibt es ein *Line-out*, (Gasse), ein *Scrum* (Gedränge), nach technischen Verstößen einen *Free-Kick* und nach schweren Verstößen einen *Penalty-Kick*.

1.2.4 Die Standardsituationen

Das Spielerpaket: Das *Gedränge* oder der *Scrum*

Unterläuft einer Mannschaft ein leichter Regelverstoß, wird dieser vom Schiedsrichter mit einem *Scrum* geahndet. Dann beginnt eine kleine Zeremonie. Die Forwards beider Mannschaften stellen sich einander mit geringem Abstand gegenüber und die Scrum-Halfs begeben sich in die Nähe des Schiedsrichters. Der Scrum-Half der Mannschaft, die den Regelverstoß nicht begangen hat, erhält den Ball. Der Schiedsrichter gibt das Kommando „Crouch", Spieler jeder Mannschaft bilden ein „Gedränge". Es folgt das Kommando „Touch" woraufhin jeder Prop seinen Gegenüber an der Schulter greift. Dadurch wird sichergestellt, dass der Abstand zwischen den beiden Gedrängereihen nicht zu groß ist und bei dem auf eine Pause folgenden „Set" die Wucht des Aufpralls nicht so groß wird und zu Verletzungen führt. Die beiden gegnerischen Sturmreihen sind nun ineinander verkeilt. Der Scrum-Half der ballbesitzenden Mannschaft wirft diesen in den Tunnel zwischen die beiden Sturmreihen, die beide versuchen, den Ball mit den Füßen nach hinten zu bugsieren.

Beide Hackler, die sich dabei mittig in der ersten Reihe gegenüberstehen, versuchen nun, den Ball mit den Füßen nach hinten zu hakeln. Dabei hat die eigene Mannschaft den entscheidenden Vorteil, da sie den Zeitpunkt des Einwurfs steuert und bestimmt. Sobald der Ball somit durch die Nummer 9 ins Spiel gebracht wurde, schieben beide Sturmpakete nach vorne, sodass die Körper sowohl über den Ball geschoben werden als auch der Ball mit den Füßen ans Ende des Gedränges bewegt wird. Dort wartet der Spieler mit der Nummer 8, der den Ball entweder eigenhändig aufnehmen kann oder ihn für die ankommende Nummer 9 sichert. Dieser wird ihn, nach Absprache mit dem Spielmacher, der Nummer 10, weiterspielen.

Außerdem können die Mannschaften versuchen, die Gegner nach hinten zu drängen, wobei sie auch versuchen dürfen, den Ball mit den Füßen mitzunehmen, um Raum zu gewinnen. Alle Aktionen werden von den

Scrum-Halfs genau verfolgt, die eingreifen dürfen, sobald der Ball das Gedränge auf der Seite einer Mannschaft verlassen hat. Meist nimmt deren Scrum-Half den Ball auf und passt ihn an einen Fly-Half weiter, der dann den Angriff einleitet.

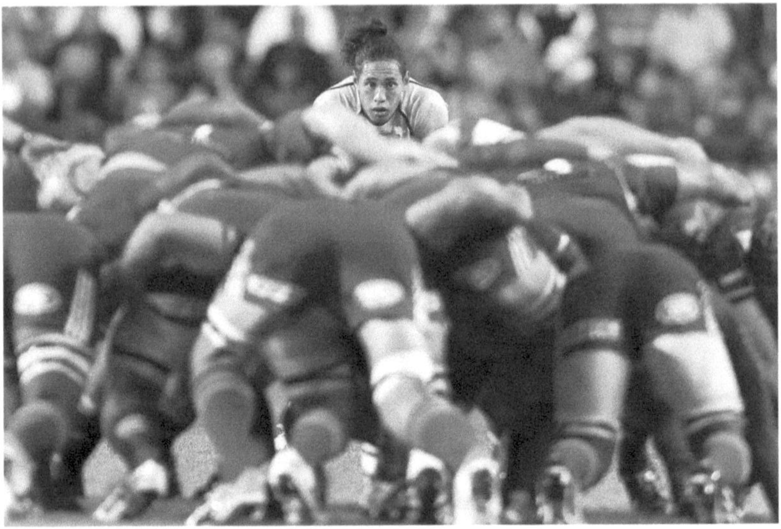

Wenn Männer Männer hochheben: Die *Gasse* oder das *Line-out*

Während beim Fußball ein Einwurf kein sonderlich interessantes Ereignis ist, sieht das beim Rugby deutlich anders aus. Das im Deutschen als *Gasse* bezeichnete *Line-out* erfolgt, nachdem der Ball oder der balltragende Spieler ins Seitenaus gelangt ist. Anders als im Fußball ist dabei schon die Berührung der Seitenlinie ausreichend. Im Normalfall erfolgt der Einwurf an der Stelle, wo der Ball die Touchlinie überquert bzw. berührt hat. Die Gasse besteht aus mindestens zwei Spielern jeder Mannschaft, die sich senkrecht zur Linie hintereinander aufstellen und somit eine Gasse bilden.

Die an der Gasse teilnehmenden Spieler müssen von ihren Gegenspielern mindestens einen Meter entfernt stehen. Diejenigen Spieler, die nicht an der Gasse teilnehmen, müssen 10 Meter Abstand zu ihren Mitspielern halten und dürfen erst aufrücken, nachdem die Gasse beendet wurde.

Von der Seitenlinie wird der Ball nun von einem Spieler jener Mannschaft in den freien Raum zwischen den beiden Spielerreihen geworfen, die den Ball nicht ins Seitenaus gespielt oder ihn nicht zuletzt berührt hat. Nun springen Spieler beider Mannschaften hoch, um den Ball zu erobern. Dabei darf auch Hilfestellung geleistet werden und man sieht Spieler, die einen Mannschaftskameraden in die Höhe heben, damit dieser den Ball bekommen kann. Hat eine Mannschaft den Ball erkämpft, wird das Spiel sofort fortgesetzt. In dieser besonderen Spielsituation wird die angreifende Mannschaft vor dem Einwurf einen verschlüsselten *Gassecode* (engl.: *Line-out Code*) rufen, sodass alle Mitspieler genau wissen, wer den Ball fängt und welche Angriffsoption nach der gewonnenen Gasse gespielt wird.

Das *Ruck* (offene Gedränge) und das *Maul* (Paket)

Ein *Ruck* entsteht häufig nach einem Tackling. Sobald der getackelte Spieler zu Boden gegangen ist und den Ball hinter sich abgelegt hat, können Spieler beider Mannschaften über dem Ball ein offenes Gedränge bilden, bei dem sie versuchen, ihre Gegner zurückzuschieben oder den Ball mit den Füßen nach hinten zu bugsieren. Erst wenn der Ball das Ruck verlassen hat, darf ein Spieler ihn aufnehmen, sodass das normale Lauf- und Passspiel fortgesetzt werden kann.

Wird der ballführende Spieler lediglich gestoppt, geht aber nicht zu Boden, können sich weitere Spieler, die sich um den Ball bemühen, binden. Die Situation ist dann ganz ähnlich wie bei einem Ruck, jedoch liegt der Ball nicht am Boden, sondern ist noch in der Hand des Angreifers. Es handelt sich dann um ein *Maul* (Paket). Die Mannschaft in Ballbesitz muss das Paket vorwärtstreiben, wozu kräftige Spieler notwendig sind. Bei der günstigen Konstellation von Spielern im Maul kann die angreifende Mannschaft so beträchtlichen Raumgewinn erzielen.

1.2.5 Einige interessante Rugbyregeln

Passspiel mit dem Fuß erlaubt

Wird der Ball mit dem Fuß gespielt, darf er auch nach vorn geschossen werden. Dabei werden verschiedene Arten von Schüssen unterschieden. Am häufigsten zu sehen ist ein weiter Schuss in Richtung des gegnerischen Malfeldes, um viel Raum zu gewinnen. Oft werden diese Schüsse als Befreiungsschlag nah am eigenen Malfeld ausgeführt. Wird der Ball dabei über die Touchlinie ins Aus geschossen, gibt es einen Einwurf.

Eine andere Art, den Ball zu schießen, ist der *Up and Under* oder auch *Bombkick*. Dabei wird der Ball kurz und hoch geschossen und der Kicker oder einer, der zum Zeitpunkt des Schusses hinter ihm stehenden Mitspieler versucht, den Ball zu fangen. Mit diesen Kicks versuchen die Angreifer, eine eng stehende Abwehr zu überspielen, da diese kein Tackling gegen Spieler ausführen darf, die den Ball nicht tragen.

Die Vorteilsregel

Das *Law of Advantage* hat Vorrang vor den meisten anderen Regeln, denn höchste Priorität hat das kontinuierliche Spiel mit möglichst wenigen Unterbrechungen. Die Spieler werden angehalten, trotz Verstößen ihrer Gegner weiterzuspielen. Falls das gefoulte Team aus der Situation einen Vorteil ziehen kann, wird der Schiedsrichter nicht pfeifen, andernfalls wird das Spiel am Platz des Vorfalls wieder aufgenommen.

1.2.6 Der Schiedsrichter

Eine wesentliche Rolle im Spiel nimmt der Schiedsrichter beim Rugby ein. Das Spiel wird von einem Hauptschiedsrichter und zwei Linienrichtern geleitet.

Der Rugbyschiedsrichter kann seine Schiedsrichterassistenten bzw. Assistenten mit technischen Geräten oder Videorepetitionen für seine Entscheidungen konsultieren.

Die Schiedsrichter im Rugby sind dafür bekannt, dass sie das Spiel sehr genau beobachten und Regelverstöße konsequent ahnden. Die Genauigkeit und Konsequenz ist auch absolut notwendig, um zum einen den Spielfluss zu gewährleisten, vor allem aber bei der Körperbetontheit des Spiels Verletzungen durch Regelverstöße zu minimieren. Die Rolle des Schiedsrichters im Rugby ist für Mannschaftssportarten fast einzigartig, denn die Schiedsrichter sind die absolute und oberste Instanz im Spiel und haben den uneingeschränkten Respekt der Spieler! Entscheidungen des Schiedsrichters werden durch Spieler nicht infrage gestellt, sondern akzeptiert. Kritische Situationen werden im Rugby schon länger mit Videobeweisen gelöst. Es mutet fast schon anachronistisch an, wenn die Schiedsrichter bei Regelverstößen den Spielern sehr genau erklären, was der Regelverstoß war und warum er geahndet wurde. Keine Diskussionen, keine Spielertrauben, kein Bedrängen des Schiedsrichters, wie man es aus anderen Mannschaftssportarten kennt. Hier hat sicher zum Teil der Spruch seinen Ursprung: „Rugby ist ein Hooligansport, der von Gentlemen gespielt wird."

1.2.7 Der Abpfiff

Ein Rugbyspiel dauert normalerweise 80 Minuten plus verlorene Zeit und Zusatzzeit, es ist in zwei Hälften von jeweils 40 Minuten aufgeteilt. Nach der Halbzeit wechseln die Mannschaften die Seiten und die Halbzeit dauert 15 Minuten. Verlorene Spielzeit wird jeweils in der gleichen Halbzeit nachgeholt. Wichtig zu wissen: Das Spiel wird erst nach Ablauf der Spielzeit abgepfiffen, wenn es eine Spielunterbrechung in Form eines Regelverstoßes oder eines Punktgewinns gibt, oder aber wenn der Ball im Aus ist.

1.2.8 Das kleine Rugbyglossar

Einwurf

Ein Einwurf wird in der Regel vom *Hooker* ausgeführt. Vor ihm bauen sich die Spieler der beiden Mannschaften in einem Abstand von einem Meter in zwei Reihen nebeneinander auf. Auf einen Punkt in der Gasse zwischen den beiden Reihen wird der Ball dann hoch und gerade eingeworfen. Dabei dürfen sich die Spieler gegenseitig hochheben, um an den Ball zu gelangen und ihn entweder zu fangen oder mit einem Tap nach hinten zu einem Mitspieler weiterzuleiten.

Free-Kick

Einen Free-Kick bekommt eine Mannschaft bei leichten Regelverstößen zugesprochen – aber auch, wenn ein Spieler, meist der Schlussspieler, einen gegnerischen Schuss fängt und dabei *Mark* ruft.

Try

Wenn ein angreifender Spieler den Ball im gegnerischen Malfeld auf den Boden legen kann, gewinnt sein Team fünf Punkte. Falls der Try durch ein Foul verhindert wird, gibt der Schiedsrichter die Chance zu einem Penalty-Try: einem Kick durch die Torpfosten (ebenfalls sieben Punkte).

Conversion

Eine Conversion erfolgt nach einem Try, dann hat das Team die Chance auf einen *Erhöhungskick* auf das Tor und auf zwei weitere Punkte. Der Goal-Kicker ist deshalb eine der wichtigsten Personen auf dem Feld. Wenn die Zeit abgelaufen ist und der Ball noch im Spiel ist, dann wird in der Regel weitergespielt, u. a. kann nach einem Try auch noch die Conversion gespielt werden.

Penalty-Kick

Strafstöße werden vom Schiedsrichter nach Fouls vergeben und zählen drei Punkte, falls der Strafstoß erfolgreich ist. Der Strafstoß erfolgt auf der Linie des Regelverstoßes. Alle Spieler des angreifenden Teams müssen sich hinter dem Ball befinden. Alle Spieler der gegnerischen Mannschaft müssen mindestens 10 Meter entfernt stehen, bis gekickt wird.

Tackle

Wenn der Ballbesitzer von einem oder mehreren Gegnern gehalten und zu Boden gebracht wird, ist das ein Tackle (im weniger physischen Touch Rugby genügt eine Berührung, um den Ballbesitzer zu stoppen).

Gasseneinwurf

Ein Einwurf folgt, nachdem der Ball das Spielfeld verlassen hat. Der Ball wird vom Team eingeworfen, das vorher nicht in Ballbesitz war, im Zweifel von der angreifenden Mannschaft. Der Ball muss gerade eingeworfen werden, mindestens fünf Meter weit. Zwischen den Teams wird eine Gasse gebildet.

Scrum

Das Gedränge (Scrum) hat den Zweck, ein Spiel nach leichten Regelverletzungen oder einem Regelverstoß wieder schnell, sicher und fair zu starten. Das ist die spektakuläre Spielsituation, wenn sich acht Spieler jedes Teams in drei Reihen formieren und der anderen Mannschaft gegenüberstehen. Zwischen den Teams entsteht ein Tunnel, in den der Ball eingerollt wird.

Captain

Der Kapitän wird von der Mannschaft nominiert, nur er darf während des Spiels mit dem Schiedsrichter sprechen und Auswahloptionen treffen.

Goal

Ein Tor wird erzielt, indem der Ball über die gegnerische Querlatte und zwischen den Torpfosten geschossen wird.

Pass

Übergabe des Balls an einen anderen Spieler.

Sin bin

Ort, wo die Spieler ihre vorübergehende Strafzeit von 10 Minuten absitzen müssen.

Abseits

Ein Spieler befindet sich im Abseits, wenn er sich vor einem seiner Mitspieler befindet, der in Ballbesitz ist.

Knock-on

Wenn der Ball unbeabsichtigt nach vorne gespielt wird und zu Boden fällt, folgt ein Scrum.

Ruck

Wenn der Ball am Boden liegt und zu einem Halt kommt, ist dies ein Ruck. Wenn die Situation festgefahren ist, folgt ein Scrum.

Maul

Wenn der Ballbesitzer von Spielern beider Teams eingekesselt wird und sich nur ganz langsam fortbewegen kann, wird dies als Maul bezeichnet. Wenn er sich nicht mehr fortbewegen kann und die Spielsituation somit festgefahren ist, folgt ein Scrum.

★ 2 ★

DIE ENTWICKLUNG DER SPORTART

Wie viele andere Sportarten so hat sich auch der Rugbysport in den letzten fast 200 Jahren konstant weiterentwickelt und man kann in Anbetracht einiger Meilensteine von der Entwicklung von Rugby 1.0 Mitte des 19. Jahrhunderts bis zu einem Rugby 5.0 in den heutigen Tagen sprechen.

2.1 DIE ANFÄNGE

Seinen Ursprung hat der Rugbysport, der heutzutage besonders auf der Südhalbkugel frenetisch gefeiert wird, 1823 in der gleichnamigen mittelenglischen Stadt Rugby. „Erfinder" des Rugbys soll der damals 16-jährige William Web Ellis gewesen sein. Dessen Mannschaft stand während eines Fußballspiels vor einer Niederlage, woraufhin sich Ellis kurzerhand dazu entschlossen haben soll, den Ball mit der Hand ins Tor zu tragen. Über den Wahrheitsgehalt wird auch heute noch diskutiert, da zu der Zeit bereits Sportarten existierten, die Ähnlichkeiten mit dem heutigen Rugby hatten. Dennoch blieb der Zusammenhang zwischen Fußball und Rugby auch in der folgenden Entwicklung bestehen.

Die Spieler zu dieser Zeit waren vor allem von hohem Bildungsstand und dem aristokratischen Adel zuzurechnen. Nicht umsonst wurde im 20. Jahrhundert der Spruch geprägt: „Football is a gentlemen sport played by ruffians, Rugby is a hooligan sport played by gentlemen" – man wollte sich im aristokratischen England klar von anderen Gesellschaftsschichten abgrenzen und auch heute schaut man zwar respektvoll auf andere Sportarten (auch den ungeliebten Fußball), möchte sich aber dennoch von ihm unterscheiden. Irgendwie immer noch aristokratisch eben. Dieser gesellschaftliche Ursprung wird eine wesentliche Rolle in der weiteren Entwicklung der Sportart spielen. Aber dazu später mehr.

Während sich das Rugbyspiel Mitte des 19. Jahrhunderts in England an Colleges und Universitäten langsam etablierte, wurde im Jahr 1863 in England der Fußballverband *FA (Football Association)* gegründet. Ziel des Verbandes sollte es unter anderem sein, die Fußballregeln zu vereinfachen. Dies führte jedoch zu Streitigkeiten innerhalb des Verbandes. Einige Vereine hatten eine deutlich andere Auffassung als der Verband und traten infolgedessen aus der FA aus.

Am 26. Januar 1871 gründete man dann mit der RFU (*Rugby Football Union*) einen konkurrierenden Verband. Noch 1871 fand bereits das erste Rugby-Länderspiel statt. In Edinburgh traf England damals auf den Nachbarn aus Schottland. Durch die Gründung eines neuen Verbandes kehrte allerdings nicht die gewünschte Ruhe ein. 1895 führte eine Diskussion über den Amateurgedanken dazu, dass 21 Vereine aus der RFU austraten und die *Northern Rugby Union* (heute *Rugby Football League*) gründeten, die die Professionalisierung des Sports anstrebte. Mitglieder waren größtenteils Vereine aus den Arbeitervierteln Nordenglands.

Die Entwicklung und weitere Verbreitung des Rugbys in England führte auch zu einer immer höheren Popularität in einigen Teilen der Commonwealthstaaten. Besonders in Australien, Neuseeland und Südafrika ist Rugby mit der Zeit Teil der nationalen Kultur geworden. Am Ende des 19. Jahrhunderts fanden mit den Olympischen Spielen der Neuzeit, 1896 gegründet von Pierre de Coubertin, die ersten Großereignisse der Geschichte statt. Rugby war 1896, 1900 und auch 1920 mit im Programm der Spiele.

In den folgenden Dekaden passierte in der Entwicklung des Sports – bedingt durch zwei Weltkriege – nicht sehr viel und das galt auch für Rugby. Während sich nach dem Krieg Mannschaftssportarten wie Fußball, unterstützt durch Veranstaltungen wie Weltmeisterschaften und Olympische Spiele, weiterentwickelten, fiel Rugby aus dem olympischen Programm. Es dauerte bis zum Ende des 20. Jahrhunderts, bis es eine wegweisende Veränderung in der Sportart Rugby gab.

2.2 EVENTISIERUNG UND KOMMERZIALISIERUNG

Während es in fast allen Mannschaftssportarten bereits im 20. Jahrhundert Weltmeisterschaften gab, war Rugby die letzte Sportart, die ihren nationalen Mitgliedsverbänden ab 1987 ein globales Turnier organisierte, um einen Weltmeister zu küren. Bis dahin hatte es im internationalen Vergleich lediglich „Freundschaftsspiele" gegeben, die sogenannten *Test-Matches*. Getestet wurde viel und es gab einen individuellen Spielbetrieb zwischen den Nationen. Bis auf das *Five-Nations-Turnier* (heute *Six Nations*) in Europa aber und einige regionale Turniere gab es kein Turnier, das den Gewinner mit einem Titel belohnte. Das wurde 1987 beim ersten *Rugby World Cup* in Neuseeland anders, aber dazu mehr in Kapitel 8.

„Wir sind froh, dass wir den Sport seit mehr als 100 Jahren ausüben können und zwar aus Spaß am Sport und nicht, um persönliche Einkommen zu erzielen", so Dudley Wood, der Generalsekretär der RFU 1994. „Geld ist eine zersetzende Kraft, deshalb müssen wir die Spieler davor schützen." Diese Einstellung herrschte seitens der RFU in England noch Mitte der 1990er-Jahre. „Das kann doch nicht wahr sein, dass die Jungs, die für England spielen, für den Spaß und ihr Hobby auch noch Geld bekommen!" Das waren noch die freundlichsten Kommentare einiger Fans und auch der Journalisten in jenen Tagen. Es gab aber auch andere Stimmen. David Campese, Australiens Full-Back, war sich schon damals sicher. „Wenn sich Rugby jetzt nicht professionalisiert, dann wird der Sport auf der Strecke bleiben."

Dass es dann doch recht schnell zu einer Professionalisierung kam, lag vor allem an einer Medienschlacht Mitte der 1990er-Jahre zwischen Kerry Packer und Rupert Murdoch.

Der Australier Murdoch startet 1995 mit seinem Pay-TV-Sender in Australien und brauchte Inhalte und Formate. Da bot sich unter anderem Sport an. Also nahm Murdoch die Rugbyverbände Australiens, Neuseelands und Südafrikas unter Vertrag. So weit, so gut. Murdoch hatte die Verbände unter Vertrag, sein Kontrahent Packer aber nahm mehr als 500 Spieler unter Vertrag und auf einmal ging es um viel Geld. Durchschnittliche Spieler konnten 60.000 bis 80.000 britische Pfund im Jahr verdienen. Viel Geld zu dieser Zeit und die Spieler aus Australien, Neuseeland und Südafrika standen bei neu gegründeten Profivereinen unter Vertrag, was den Verbänden natürlich nicht unbedingt gefiel.

Die Südhalbkugel machte also mächtig Druck. Auf der Nordhalbkugel, in England, wurde man von der Entwicklung überrascht. „Letzte Woche kamen alle noch ganz normal zum Training, diese Woche müssen wir sehen, dass wir Geld organisieren, um die Spieler zu bezahlen", so Clive Woodward, damaliger Nationaltrainer Englands.

Es brauchte lange in England, bis man sich auf die neue Situation eingestellt hatte.

Für die Abstellung zur Nationalmannschaft sollten pro Spieler 40.000 Pfund gezahlt werden. Ein großer Sprung, wenn man vorher nichts bekam, aber immer noch weit entfernt vom Fußball zu dieser Zeit, wo Mitte der 1990er-Jahre schon Jahresgehälter in Millionenhöhe gezahlt wurden und zweistellige Millionenbeträge als Ablösesummen für Spieler zwischen Klubs gezahlt wurden.

Natürlich fragte sich auch die Rugbyöffentlichkeit in Europa, ob der gesteigerte Professionalismus und die Kommerzialisierung mehr sportlichen Erfolg gegen die Mannschaften der Südhalbkugel bringen würde.

Neben der Professionalisierung der Ligen hatte auch der Rugby World Cup 1995 in Südafrika einen zum damaligen Zeitpunkt einzigartigen medialen Effekt für die Sportart. Südafrika, wegen der Apartheidspolitik lange Jahre international politisch, wirtschaftlich und sportlich isoliert, konnte nach dem Ende der Apartheid mit der Ausrichtung des dritten Rugby World Cups 1995 wieder das erste globale Sportevent im eigenen Land veranstalten. Die besondere Dramaturgie war dann nicht der Gewinn des Weltmeistertitels im eigenen Land, sondern die Übergabe des Webb-Ellis-Pokals an den Kapitän der *Springboks*, der südafrikanischen Nationalmannschaft, Francois Pienaar, durch Nelson Mandela.

Das symbolträchtige Bild ging um die Welt und hat nicht nur dem neuen Südafrika, sondern auch der Sportart Rugby weltweit zu medialer Aufmerksamkeit verholfen.

2.3 OLYMPIA

„Rugby is reaching out" – unter diesem Titel warb der Internationale Rugbyverband um eine Wiederaufnahme in das olympische Programm. Bereits von 1896 bis 1924 war Rugby Teil der olympischen Familie. Um dem Sport zu weiterer globaler Popularität zu verhelfen, machte der Weltverband IRB *(International Rugby Board)* mächtig Druck und rührte die Werbetrommel. Im Oktober 2009 war es dann so weit. Das Internationale Olympische Komitee (IOC) verkündete die Wiederaufnahme von Rugby ins olympische Programm.

Aufgrund des Veranstaltungsformats von Olympischen Spielen passt die schnelle Variante des 7er-Rugbys ideal zu den vier Wochen dauernden Olympischen Spielen. In Turnierform in wenigen Tagen durchzuführen, schnell, spektakulär und athletisch, mit einem Regelwerk, das von Zuschauern schnell zu verstehen ist.

In den folgenden sieben Jahren wurden seitens der nationalen Rugbyverbände und Olympischen Komitees in vielen Ländern die Investitionen in den Breitensport wie auch den Leistungssport im Rugby intensiviert, denn diese neue Sportart versprach jeder Teilnehmernation der Olympischen Spiele die einzigartige Möglichkeit, sich international einem globalen Publikum zu präsentieren. Nicht nur traditionell starke Rugbynationen verstärkten ihre Anstrengungen, sondern auch vermeintlich kleinere Länder investierten in Trainer, Sportanlagen und Veranstaltungen, immer unterstützt vom Weltverband.

Die Spiele in Rio de Janeiro 2016 brachten der Sportart dann auch den erwünschten Erfolg. Das Medieninteresse war gewaltig und die Investitionen des Weltverbandes, aber auch des Internationalen Olympischen Komitees, hatten sich gelohnt. Mit dem Erfolg von 2016 blickt Rugby nun auf die nächsten Spiele; Tokio 2020, Paris 2024 und Los Angeles 2028. Alle drei Länder sind entweder traditionelle Rugbynationen oder – wie die USA – aufstrebende Länder im Rugby.

Diese Betrachtungsweise ist wichtig, denn allzu oft schon sind neu aufgenommene Sportarten bei Olympischen Spielen in der Folge aufgrund von mangelndem Interesse in den Austragungsländern schnell wieder aus dem Programm gestrichen worden. Die Zeichen stehen gut, dass sich die Sportart Rugby auch in der kommenden Dekade global weiter positiv entwickeln wird.

★ 3 ★

TOPNATIONEN IM RUGBY

Man assoziiert eine Sportart oft unbewusst mit einem Land; Basketball mit den USA, Eishockey mit Kanada oder Russland, Fußball mit Brasilien oder Deutschland, Tischtennis mit China. Und Rugby? Für die körperlich, aber auch taktisch anspruchsvolle Sportart stehen sicherlich die Länder des Commonwealth und hier das Mutterland England und die führende Rugbynation: Neuseeland. Darüber hinaus gibt es allerdings eine ganze Reihe aufstrebender Nationen. Schauen wir aber erst einmal auf die traditionellen Rugbyländer.

3.1 TRADITIONELL

3.1.1 England

Wir beginnen mit England, dem Mutterland des Sports. England ist bis heute eines der führenden Länder im Rugbysport, einerlei, ob im 15er-Rugby oder im 7er-Rugby. Mehr als 2,5 Millionen Menschen begeistert die Sportart.

Rugby in England ist in 2.000 Klubs organisiert. An 1.350 weiterführenden Schulen und 110 Universitäten ist Rugby fester Bestandteil des Stundenplans. Gesellschaftlich ist der Rugbysport in England seit fast 200 Jahren verwurzelt. Die Verbreitung der Sportart – vor allem in den Schulen – ist natürlich der langen Tradition geschuldet.

„Es macht sich gut im Lebenslauf, wenn man Spieler in einer Schul- oder Universitätsmannschaft war", so Dan Davis von der Giggleswick School im nordenglischen Yorkshire. Der Sport ist auch heute noch fester Bestandteil im Schulsportplan und in allen anderen Commonwealth-Ländern. Sicherlich ein Grund, warum diese Länder international führend in der Sportart sind.

Die Nationalmannschaften aus England lieferten bei den internationalen Höhepunkten oft sehr unterschiedliche Ergebnisse. In Europa ist man zwar eine der stärksten Nationen mit 36 Siegen beim traditionsreichen Six-Nations-Turnier, bei den Weltmeisterschaften folgte allerdings oft eine Achterbahnfahrt.

1991, bei der WM im eigenen Land, musste man sich im Finale Australien geschlagen geben, 1995 im kleinen Finale gegen Frankreich erreichte man nur den vierten Platz.

Beim Rugby World Cup 1999 in Wales war bereits im Viertelfinale nach einer 21:44-Niederlage gegen Südafrika Schluss. Den größten Triumph feierte die englische Mannschaft dann 2003 beim Gewinn des Rugby World Cups in Australien, als man den Gastgeber in einem packenden Finale schlug. England ist damit die einzige Mannschaft der nördlichen Hemisphäre, die bisher den Web-Ellis-Pokal gewinnen konnte.

Auch 2007 erreichte man wieder das Finale, musste sich aber gegen Südafrika mit dem zweiten Platz zufriedengeben. Danach setzte eine längere Talfahrt ein, denn 2011 schaffte man es nicht unter die letzten vier Nationen und noch schlimmer kam es bei der Heimweltmeisterschaft 2015, bei der man in der Vorrunde scheiterte. Ein Neuaufbau soll nun von Nationaltrainer Eddie Jones beim Rugby World Cup 2019 in Japan mit dem Titel gekrönt werden.

Wirtschaftlich hat sich die RFU in den letzten 20 Jahren solide entwickelt. Der Gewinn von rund 100 Millionen englischen Pfund, den der Verband im Geschäftsjahr 2017 erwirtschaftete, wurde komplett wieder in die Entwicklung des Sports auf allen Ebenen – vom Nachwuchs bis zur Nationalmannschaft – investiert.

Die Tatsache, dass der Verband in England heute wirtschaftlich und sportlich einer der erfolgreichsten Verbände der Welt ist, überrascht ein wenig wenn man den langen Widerstand gegen die Professionalisierung in England bedenkt. Aber das Management der RFU lernte schnell und verinnerlichte die Marktmechanismen der sich entwickelnden Sportindustrie in den 1990er-Jahren und entwickelte diese bis heute weiter.

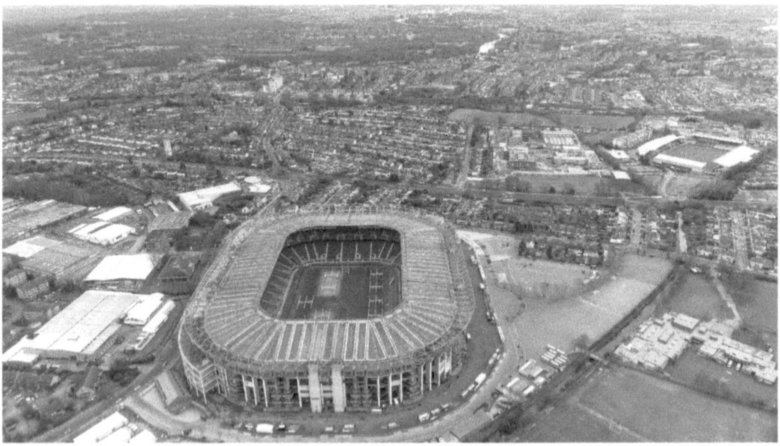

Neben den sportlichen Strukturen setzt die RFU vor allem auf Veranstaltungen und die Ausrichtung von Länderspielen, Turnieren und anderen Events. Zentraler Veranstaltungsort ist das *Twickenham Stadion*, das im Südwesten Londons liegt und als Austragungsort für Länderspiele und andere Veranstaltungen genutzt wird. Das Stadion wurde für 80 Millionen € im Jahre 2006 fertiggestellt, fasst 82.000 Zuschauer und ist eines der modernsten Stadien in Europa und die zweitgrößte Sportstätte in England – nach dem *Wembley Stadion*. Es genügt höchsten internationalen Standards mit VIP-Logen, einem Hotel, einem Kulturzentrum sowie diversen anderen multifunktionalen Räumlichkeiten. Genutzt wird das Stadion für Rugbyländerspiele, Liga Finals, aber auch für Konzerte.

3.1.2 Irland

Auch im Nachbarland Irland genießt der Rugbysport eine sehr hohe Popularität innerhalb der Sport- und Kulturlandschaft. Sowohl in Irland als auch bei den Iren, die im Ausland leben und arbeiten. Tendenz steigend.

Im Jahre 1874 wurde die *Irish Football Union* gegründet, die sich nach der Vereinigung mit der *North of Ireland Union* in *Irish Rugby Football Union (IRFU)* umbenannte. Auch auf der grünen Insel, wie Irland oft genannt wird, wurde bereits im 19. Jahrhundert ein regelmäßiger Spielbetrieb eingeführt. Ihr erstes Länderspiel absolvierte die Nationalmannschaft am 15. Februar 1875 im Oval in London und verlor mit 0:7 gegen England. Das erste Heimspiel fand ebenfalls 1875 wieder gegen England statt und wurde im Leinster Cricket Club in Rathmines ausgetragen.

Grundlagen für den Erfolg der Sportart sowohl im Land selbst als auch auf internationaler Ebene ist – wie in den Nachbarländern – die Einbindung der Sportart in den Schulsport. Dessen ist sich der Verband IRFU sehr bewusst und hat in seiner Strategie 2018-2023 neben dem Leistungssport Rugby, dem Frauen-Rugby, auch die Weiterentwicklung des Klub- und Schulrugbys als eines seiner strategischen Ziele benannt. Die Einnahmen der IRFU stammen zu gut 80 % aus den internationalen Spielen der Nationalmannschaften. Sponsoring, Ticketing, Hospitality und TV-Rechte, über deren konkrete Höhe sich die IRFU allerdings nicht öffentlich äußert. Laut eigenen Angaben werden rund 40 % der Einnahmen dann wieder in die Entwicklung des Sports auf allen Ebenen gesteckt. Die sportlichen Ziele, die sich die IRFU für die kommenden Jahre steckt, sind sehr ambitioniert und konkret.

Mit der Nationalmannschaft der Herren möchte man 2019 und 2023 jeweils das Halbfinale beim Rugby World Cup erreichen, im World-Ranking unter den Top-drei-Nationen der Welt sein und in den Jahren 2018 bis 2023 zwei Six-Nations-Titel gewinnen. Im 7er-Rugby der Herren soll die Qualifikation für Olympia 2020 in Tokio und 2024 in Paris erreicht werden.

Als eines der wenigen Länder formuliert Irland auch eine klare Strategie für den Bereich des Frauen-Rugbys: Qualifikation für die Olympischen Spiele 2020 im 7er-Rugby, zwei Turniersiege auf der World Seven Series und ein konstantes Ranking unter den Top-sechs-Nationen auf der Weltserie. Diese sportlichen Ziele sind nach Ansicht der IRFU nur über mehr Einbindung von Frauen in den Sport und das Management zu erreichen. Klares Ziel bis 2023: 20 % der Spieler, Schiedsrichter und Helfer in der IRFU sollen von Frauen besetzt sein.

Ein über 44 Seiten umfassender, detaillierter strategischer Plan wurde konzipiert, der auf weiteren 22 Seiten die Entwicklung des Frauen-Rugbys skizziert.

Sportlich lief es zum Ende des letzten Jahrhunderts nicht gut für die Iren. Nachdem die Five-Nations-Turniere 1996, 1997 und 1998 jeweils auf dem letzten Platz beendet wurden, verpasste man bei der Weltmeisterschaft 1999 erstmals die Qualifikation für das Viertelfinale. Es folgte eine radikale Umstrukturierung im Verband.

Im Zuge der Professionalisierung von Rugby Union Ende der 1990er-Jahre wertete die Irish Rugby Football Union die Auswahlmannschaften der vier Provinzverbände zu Profiteams auf. Die vier Teams erwiesen sich als wirtschaftlich stark genug, um die besten Spieler im eigenen Land zu halten. Darüber hinaus pflegte der Verband weiterhin enge Beziehungen zu den Amateurvereinen und Schulen, was einen steten Nachschub an talentierten Nachwuchsspielern garantierte. Die Einführung der *Celtic League* führte zu mehr Spielen auf hohem Niveau und zu einer spürbaren Verbesserung der spielerischen Qualität.

Bei der Weltmeisterschaft 2003 in Australien spielte Irland in der Gruppe A gegen Australien, Argentinien, Rumänien und Namibia und qualifizierte sich als Gruppenzweiter für das Viertelfinale und schied dort allerdings aus. Vor der Weltmeisterschaft 2007 galten die Iren als Mitfavoriten. Nach zwei äußerst knappen Siegen gegen die vermeintlichen Außenseiter Namibia und Georgien folgten Niederlagen gegen Frankreich und Argentinien und wieder ein Rückschlag mit einem Vorrundenaus.

Bei den Six-Nations-Turnieren 2014 und 2015 gelangen allerdings auf europäischer Ebene Erfolge, weshalb Irland bei der Weltmeisterschaft 2015 in England als ein Titelfavorit galt. Im Viertelfinale kam dann aber überraschend das Aus gegen Argentinien. Damit warten die Iren auch weiterhin auf ihren ersten Halbfinaleinzug bei einer WM.

Weltmeisterschaft 1987: Viertelfinale

Weltmeisterschaft 1991: Viertelfinale

Weltmeisterschaft 1995: Viertelfinale

Weltmeisterschaft 1999: zweite Runde

Weltmeisterschaft 2003: Viertelfinale

Weltmeisterschaft 2007: Vorrunde (zwei Siege)

Weltmeisterschaft 2011: Viertelfinale

Weltmeisterschaft 2015: Viertelfinale

Weltmeisterschaft 2019: qualifiziert

3.1.3 Schottland

In dem Land im Norden der britischen Insel, mit seinen 5,3 Millionen Einwohnern, den Highlands und den kulturellen Sehenswürdigkeiten in der Hauptstadt Edinburgh, ist neben dem Golfsport und Fußball vor allem Rugby die Sportart Nummer eins.

Rugby ist auch in Schottland Tradition und fester Bestandteil der Gesellschaft und das beginnt auch hier bereits in der Schule. Schottland hat im Vergleich zum restlichen Königreich mit seinem „Curriculum for Excellence" ein etwas anderes Bildungssystem. Dem Anspruch der exzellenten akademischen Bildung schließt sich auch der Rugbyverband mit der sportlichen Ausbildung der Spielerinnen und Spieler an. Dementsprechend verfügt der schottische Rugbyverband über ein gutes Verhältnis zu den vielen Schulen und 15 Universitäten des Landes. Seit 2015 unterstützt das IT-Unternehmen *British Telekom* den Verband und ist Sponsor der „BT Sport Academy", in der 95 talentierte Nachwuchsspieler, davon 19 Spielerinnen, unterstützt werden.

Die Academy ist mit 40 Klubs und Schulen verbunden, sodass die Spieler weiterhin für ihren Verein auflaufen, aber von 25 hauptamtlichen Trainern und Mitarbeitern die besten Möglichkeiten bekommen, um ihr Talent zu entwickeln und eines Tages für die Nationalmannschaften zu spielen. Überhaupt fördert der schottische Verband das Frauen- und Mädchenrugby. So spielten in der Saison 2017/18 insgesamt 224 Mädchen und Frauenteams in den schottischen Ligen.

Grundlage für den Erfolg des Programms ist ein ausgeklügeltes Aus- und Fortbildungsprogramm, das jährlich über 1.800 Trainer aus- und weiterbildet und eine nationaler Spielphilosophie vermittelt. Denn die stolzen Schotten wollen auch in Zukunft bei der Entwicklung des Rugbysports in Europa und global ihre Position festigen und vielleicht noch verbessern. Immerhin ist man in Europa mit 22 Siegen beim Six-Nations-Turnier in der Statistik hinter England, Wales und Frankreich auf Platz vier und beim Rugby World Cup haben die Schotten, die im World-Ranking auf Platz sieben liegen (Stand: Feb 2019), bislang an allen Turnieren seit 1987 teilgenommen. Bestes Ergebnis war 1991 ein vierter Platz.

Dass den Schotten nachgesagt wird, sie könnten mit Geld gut umgehen, ist bekannt. Das scheint sich auch auf den Verband übertragen zu lassen, denn mit einem Umsatz von knapp 57 Millionen Euro hat man die Einkünfte des Verbandes in den letzten sieben Jahren um über 60 %

gesteigert und machte dabei 2018 einen Gewinn von 1,8 Millionen Euro. Haupteinnahmequellen sind die Fernsehvermarktung in Höhe von 15,2 Millionen Pfund, Hospitality und andere Veranstaltungen auf dem *BT Murrayfield* – dem eigenen Stadion des Verbandes. Der Gewinn des Verbandes kommt den 167 Rugbyvereinen in Schottland zugute. In den vergangenen Jahren wurden so rund 15 Millionen Pfund für Projekte in den Klubs ausgeschüttet.

3.1.4 Wales

Eigene Sprache, eigener Kopf – das wird den Walisern nachgesagt. Ganz im Westen der britischen Insel befindet sich Wales, das trotz seiner nur knapp drei Millionen Einwohner – wie in vielen anderen Sportarten – auch im Rugby seine eigenen Nationalmannschaften stellt.

Auch in Wales ist Rugby, das schon seit den 1870er-Jahren dort gespielt wird, Nationalsport. Der walisische Rugbyverband, *Welsh Rugby Union* (WRU), wurde 1881 gegründet und ist eines der Gründungsmitglieder des Weltverbandes.

Bereits kurz nach der Gründung des eigenen Verbandes spielte Wales sein erstes Länderspiel gegen das benachbarte und nicht immer geliebte England. Das Spiel endete sportlich mit einer solch desaströsen Niederlage, dass man auf englischer Seite sogar eine Revanche ablehnte.

Doch diese Zeiten sind lange vorbei. Mitte der 1970er-Jahre begann der sportliche Aufstieg des kleinen Landes im Rugbysport und viele Jahre dominierte Wales zumindest die Nordhalbkugel im Rugby, insbesondere England, Schottland und Irland. Anfang der 1980er-Jahre stellten die Waliser eine Serie von 27 Spielen ohne Niederlage auf, die erst 1982 von Schottland beendet wurde.

Einen sportlichen Einbruch musste man in den 1990er-Jahren verkraften, als viele Spieler in die ungemein populäre nordenglische *Rugby League* wechselten und nicht mehr für die walisische Nationalmannschaft zur Verfügung standen.

Rugby in Wales heute

Sportlich ist man in den letzten 20 Jahren in Europa mit 34 Siegen beim Six-Nations-Turnier eine der erfolgreichsten Mannschaften und in der Weltrangliste des 15er-Rugbys die Nummer zwei, hinter Neuseeland (Stand: Mai 2019). Wales nahm bisher an allen Rugby World Cups teil, galt oft als „Geheimfavorit", konnte diesem Attribut bis heute allerdings nie gerecht werden. Das beste Ergebnis gab es bei der Premiere des Rugby World Cups 1987 in Neuseeland, als man einen dritten Platz belegte.

Ein Grund für den sportlichen Erfolg ist sicherlich das Ligasystem. Die walisischen Mannschaften spielen in der professionellen *PRO 14*, einer Liga, in der neben den walisischen Mannschaften auch Teams aus Irland, Schottland, Italien und seit 2018 auch Südafrika spielen. Der walisische Verband vergibt jeweils Lizenzen an Vereine, die dann in der Liga antreten können und sich so sportlich mit den besten Teams aus den anderen Rugbynationen messen können.

Ähnlich dem englischen Wirtschaftskonzept ist auch in Wales ein modernes Stadion die zentrale Einnahmequelle des Verbandes. Das *Millennium Stadium* in Cardiff, das 1999 fertiggestellt wurde und dem walisischen Rugbyverband gehört, ist nicht nur Teil des Nationalstolzes, sondern auch Austragungsort der Länderspiele der walisischen Rugbynationalmannschaft. Das moderne, 74.500 Zuschauer fassende Stadion stellt mit seinen Veranstaltungen heute einen enormen Wirtschaftsfaktor für Cardiff und die Region dar.

3.1.5 Frankreich

Dass in unserem Nachbarland – und insbesondere im Südwesten – der Rugbysport so populär ist und Rugbyspieler fast den Nimbus von Superstars haben, ist in Deutschland kaum bekannt. Rugby, das bringt in Frankreich Alt und Jung vor den Fernseher, in die Kneipen und in die Klubs. Der Mannschaftssport ist im Süden des Landes noch beliebter als Fußball. Marseille und Toulouse, wer dort lebt, ist Rugbyfan und Rugbykenner. Nicht zufällig spricht mancher Spieler der französischen Nationalmannschaft mit dem harten Akzent des *Languedoc.*

Gesellschaftlich ist Rugby in Frankreich ähnlich verwurzelt wie etwa in den „Home Countries", England, Wales, Schottland oder Irland. Das kann auch der deutsche Nationalspieler Eric Marks bestätigen, der in La Rochelle spielt. Der 1,96 m große und 106 kg schwere Spieler des RC Aachen machte 2016 den Schritt zum Profiverein La Rochelle, um dort zunächst im Developmentteam des Klubs seinen Traum vom Rugbyprofi zu verfolgen.

Verantwortlich für die Entwicklung der Sportart ist in Frankreich die *Fédération Française de Rugby* (FFR). Im Verband, gegründet 1919, der für die Entwicklung aller Formate verantwortlich ist, sind 1.900 Vereine mit rund 200.000 Spielern registriert. Lange ging man in Frankreich auf Konfrontationskurs zum Weltverband. Mitglied beim IRB wurde man erst 1978.

Sportlich ist Frankreich zumindest in Kontinentaleuropa die erste Adresse. Das Six-Nations-Turnier gewann man 17-mal. Aber auch auf globaler Bühne kann sich die Bilanz sehen lassen. An allen Rugby World Cups seit 1987 nahm die französische Mannschaft teil und wurde 1987, 1999 und 2011 jeweils Vizeweltmeister.

Wirtschaftlich hat sich der Verband in den letzten Jahren dank namhafter Sponsoren, wie *Société General, BMW, Le Coq Sportif* und dem *französischen Fernsehen* als Medienpartner, sehr gut entwickelt. Das dem Verband zur Verfügung stehende Budget erreichte 2017 nach eigenen Angaben eine Rekordsumme von 115 Millionen Euro, wovon 65 Millionen Euro in die Entwicklung der Sportart in Frankreich investiert wurden.

3.1.6 Neuseeland

Keine Nation ist so erfolgreich wie das vier Millionen Einwohner zählende Land in Ozeanien: Neuseeland. Spricht man von Rugby, so fallen einem oft zunächst die *All Blacks* ein, wie sich die Herren-Nationalmannschaft Neuseelands nennt. Keine Nation war in den vergangenen 30 Jahren erfolgreicher in beiden Formaten, im 15er-Rugby und dem 7er-Rugby. Nicht nur bei den Männern. Auch die „Ferns", wie sich die Frauen-Nationalmannschaften nennen (in Anlehnung an das Nationalgewächs Farn), haben sich in den letzten Dekaden eine ganze Reihe Titel erspielt: Rugby World Cup der Frauen, World-Sevens-Serie der Frauen, Sevens World Cup und Olympische Spiele.

Die Männer haben als All Blacks mittlerweile eine eigene Marke geschaffen, die international Sponsoren anzieht, denn jeder möchte sich mit der erfolgreichsten Mannschaft der körperlichen und athletischen Sportart schmücken.

Dazu noch der *HaKa*, ein maorischer Kriegstanz, den die Mannschaft eindrucksvoll vor jedem Spiel aufführt, um sich selbst Mut zuzusprechen und den Gegner einzuschüchtern.

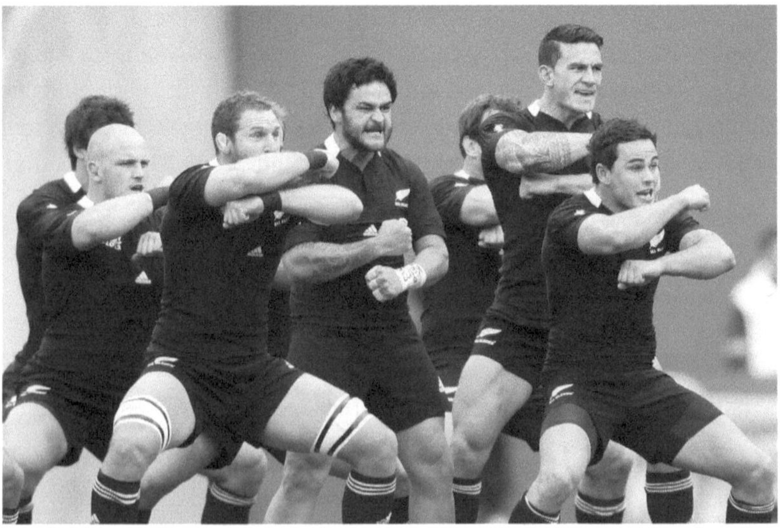

Die Dominanz der All Blacks lässt sich vor allem damit belegen, dass sie gegen jede Nation eine positive Bilanz aufzuweisen haben. Zu Recht stehen sie damit auch auf Platz eins der Weltrangliste. Seit der Einführung der World Rugby Rankings im Jahr 2003 hat Neuseeland die Nummer eins der Rangliste länger inne, als alle anderen Länder zusammen.

Darüber hinaus haben sie es 1987, 2011 und 2015 geschafft, den Weltmeistertitel zu gewinnen – also drei Weltmeistertitel in Folge! Beim 2019 in Japan stattfindenden Rugby World Cup haben die All Blacks die historische Chance, das Triple zu schaffen. Im Sport haben nur wenige Teams ihren Wettbewerb so dominiert wie die neuseeländischen All Blacks.

Um zu verstehen, wie Neuseeland diese Dominanz behauptet, ist ein Blick auf die Wurzeln des Spiels und die Gesellschaft des Landes nötig, wo Generationen von Jungen davon geträumt haben, das schwarze Trikot zu tragen. Das Städtchen Gisborne, an der ruhigen Ostküste der Nordinsel Neuseelands, ist ein Ort solcher Träume. In der beschaulichen Stadt befindet sich die Gisborne Boys High School, eine öffentliche Sekundarschule mit Rugbyhistorie. Die Jungenmannschaft der Schule hat viermal die *National First XV Championship* gewonnen, das wichtigste Turnier des Landes für Rugby in der Highschool und brachte eine ganze Reihe von Topspielern hervor, darunter mehrere Mitglieder der All Blacks.

Die Mehrheit der Schüler der Highschool sind Nachfahren der Maori, der Ureinwohner Neuseelands. Die Schulleitung betrachtet die Verbindung der neuseeländischen Spieler zu kultureller Identität als Schlüssel zur charakterlichen Entwicklung der Jugendlichen und um starke Rugbyspieler zu werden.

„Die meisten Sportmannschaften streben danach, eine Teamkultur zu schaffen, während unser Team einer realen Lebens- und Atmungskultur nachempfunden ist", sagte Ryan Tapsell, Dekan bei der Gisborne Boys School und der Abwehrtrainer für die First XV. „Unsere Spieler denken über die Vorfahren nach, die vor ihnen gekommen sind, über die wir uns gegründet haben und mit denen wir uns identifizieren."

Das Team befolgt Richtlinien, die als *Kawa* bekannt sind und sich an den traditionellen Regeln der Maorikultur orientieren, die, wenn sie verletzt werden, den Zusammenhalt des Teams schwächen. Die Schule räumt dem Sport und Rugby selbst viel Platz im Lehrplan ein. Rugby ist ein anerkanntes Fach nicht nur an der Gisborne Boys High School. Mehrere Tage in der Woche schauen sich die Schüler Filme an. Themen sind die Analyse der Spielstrategien, Grundlagen des Athletiktrainings, Ernährung und Krafttraining. Sogar Yoga steht auf dem Programm.

Der Klassenraum 11 wurde dem ehemaligen Neuseeländer Jonah Lomu gewidmet, der die Nr. 11 trug und als einer der besten Spieler der All Blacks verehrt wird. Eine gemeinsame Kultur und gemeinsame Werte sind bereits an den Schulen die Grundlage für den Erfolg der besten Rugbymannschaft der Welt. Hinzu kommt ein gut organisiertes Talentsichtungssystem. Mehrere Spieler der Gisborne-Mannschaft stehen bereits auf den Zetteln der Scouts der nationalen Schülerteams. Die Auserwählten besuchen regionale Trainingslager und Sichtungslehrgänge, die von einem der professionellen Rugbyteams der Super League organisiert werden.

Es ist ein perfektes Sichtungssystem, um einheimische Talente zu identifizieren und zu entwickeln, die alle ein gemeinsames Ziel haben: Spieler bei den All Blacks zu werden und Neuseeland zu repräsentieren. „Das gesamte System in Neuseeland, vom Anfänger bis zum Profi, ist so strukturiert, dass es die Entwicklung der All Blacks unterstützt", sagte Tom Cairns, Rugbydirektor.

Dieses System arbeitet allerdings mit einer ungewöhnlichen Einschränkung: Um ein All Black zu sein, darf ein Spieler nur für ein in Neuseeland ansässiges Team antreten! Keine einfache Entscheidung, denn die besten Spieler bekommen lukrativere Verträge in anderen Überseeligen wie in Frankreich oder England. In allen Rugbynationen können Spieler international in anderen Ligen spielen und gleichzeitig ihr Land in der Nationalmannschaft vertreten. In Neuseeland ist dies nicht möglich und so bringen die besten Spieler in der Hoffnung, für die All Blacks spielen zu können, ständig finanzielle Opfer, die nur teilweise vom neuseeländischen Verband ausgeglichen werden.

Wie lange die Dominanz der All Blacks andauern kann, hängt möglicherweise von der Entwicklung der Talentsichtung und -ausbildung in Schulen wie Gisborne Boys High ab. „Traditionell ist die Stärke des neuseeländischen Rugbys ein ausgeglichenes Niveau des Schulrugbys", sagte Cairns. Mit einigen reicheren Schulen, die Trainer bezahlen und Stipendien für Spieler außerhalb ihres regionalen Gebiets anbieten, befürchtet Cairns, dass einige Teams benachteiligt werden könnten, was für das neuseeländische Rugby insgesamt negativ sein könnte.

3.1.7 Australien

Sport im Allgemeinen hat in der australischen Gesellschaft einen ganz besonderen Stellenwert. Viele der knapp 25 Millionen Einwohner in „Down Under" üben eine oder mehrere Sportarten aus. Die Australier sind grundsätzlich sehr sportbegeistert, einerlei, ob es sich um Fußball, Schwimmen, Leichtathletik oder Rugby Union handelt.

Die Sportart Rugby erreichte die britische Kronkolonie Mitte des 19. Jahrhunderts und breitete sich schnell, von Sydney ausgehend, auf dem gesamten Kontinent aus. In der Olympiastadt von 2000 wurde auch der erste Rugbyverein 1864 gegründet: der Sydney University Football Club. Schon wenige Jahre später gab es im Ballungsraum Sydney genug Mannschaften, um einen Ligabetrieb zu starten.

Der australische Rugbyverband, *Australian Rugby Union* (ARU), wurde 1949 gegründet, als Nachfolgeorganisation der *Southern Rugby Union*, die bis dahin vom Mutterland England aus den Sport in Australien organisierte und verwaltete. Heute sind alle acht regionalen australischen Rugbyverbände sowie weitere acht Unterorganisationen Mitglied bei der ARU.

In Australien spielen mehr als 250.000 Spielerinnen und Spieler in mehr als 950 Vereinen. Die sportliche Stärke der *Wallabies*, wie die Nationalmannschaft genannt wird, kommt vor allem auch durch die Einbindung des Sports in den Schulunterricht und neben dem Vereinsspielbetrieb gibt es regional auch einzelne Schulligen. Das Interesse, insbesondere an Rugby Union, stieg vor allem seit Mitte der 1990er-Jahre kontinuierlich an. Grund hierfür war vor allem die Professionalisierung der Sportart, mehr Zeiten im Fernsehen für die Nationalmannschaft und die Übertragung der professionellen Liga *Super Rugby.*

Die Leistungen der Wallabies schwankten in den letzten Jahren allerdings immer wieder.

Gewinn der Rugby-WM 1991 und erneuter Finaleinzug 1995 in Südafrika. 2005 dann das schwächste Jahr bisher in der Geschichte der Wallabies: In neun Spielen kam man nicht über einen Sieg hinaus. Seit 2007 zeigt die Formkurve wieder nach oben. Nach dem Viertelfinale 2007 in Frankreich wurde das Team 2011 in Neuseeland Dritter und erreichte 2015 in England das Endspiel, in dem man sich allerdings Neuseeland geschlagen geben musste.

Die Heimspiele der Wallabies werden im *Telstra Stadium* in Sydney, im *Telstra Dome* in Melbourne, im *Suncorp Stadium* in Brisbane und im *Subiaco Oval* in Perth ausgetragen. Der Besucherrekord im Telstra Stadium in Sydney liegt bei 109.000 Besuchern bei einem Spiel gegen die All Blacks – ein weltweiter Besucherrekord bei einem Rugbyspiel.

Neben den Wallabies und dem 15er-Rugby der Männer sind die Australier auch im 7er-Rugby bei den Frauen sehr erfolgreich. Bei den Olympischen Spielen in Rio de Janeiro 2016 konnte das Damenteam die erste Goldmedaille in einem olympischen Turnier seit 92 Jahren gewinnen und verwies dabei das Team der Neuseeländerinnen im Finale auf den zweiten Platz. Bei der Entwicklung der Sportart bei den Frauen setzen die Australier auch auf eine Variante des Sports – das körperlose *Touchrugby*. Diese Variante erfreut sich in den letzten Jahren in Australien steigender Beliebtheit und wird zum Teil sogar im Fernsehen übertragen.

3.1.8 Südafrika

Südafrikaner sind rugbyverrückt. An jedem Spieltag sind Männer, Frauen und Kinder in Rugbytrikots zu sehen und schwenken die Fahnen in Grün und Gold, die Farben der *Springboks*, wie die Nationalmannschaft stolz genannt wird.

Das war aber nicht immer so. Aufgrund der in Südafrika herrschenden Apartheid war der Sport ausschließlich der weißen Bevölkerung vorbehalten. Die Rassentrennung, die seit Ende der 1940er-Jahre in Südafrika herrschte, isolierte das Land international nicht nur wirtschaftlich, sondern auch sportlich. Bis 1994 war Südafrika vom internationalen Sportbetrieb ausgeschlossen und Mannschaften und Sportler wurden nicht zu internationalen Meisterschaften und Großereignissen eingeladen, ausländische Teams besuchten nur selten das Land.

Dadurch war Südafrika auch sportlich zunehmend isoliert. Als trotz heftiger Proteste die All Blacks im Jahr 1976 nach Südafrika reisten, forderten 20 afrikanische Staaten den Ausschluss Neuseelands von den Olympischen Sommerspielen 1976 in Montreal. Da Rugby allerdings zu dem Zeitpunkt keine olympische Sportart war, ging das Internationale Olympische Komitee (IOC) nicht auf die Forderung ein.

Die sportliche Isolierung Südafrikas wurde vor allem durch die Unterzeichnung der Gleneagles-Vereinbarung der Mitgliedsstaaten des Commonwealth of Nations noch weiter verschärft. Mit dieser Isolationspolitik wollte man die Regierung in Pretoria zwingen, ihre Apartheidpolitik aufzugeben. Trotz all dieser Sanktionen und der Isolation kam es allerdings in den 1970er- und 1980er-Jahren zu einigen Spielen gegen Neuseeland und auch gegen Argentinien.

Ein Ende der wirtschaftlichen wie sportlichen Isolation kam erst mit dem Ende der Apartheid und den ersten freien Wahlen im Jahr 1994. Vielleicht als Zeichen der Versöhnung und des guten Willens vergab der Rugby Weltverband die dritten Rugbyweltmeisterschaften 1995 nach Südafrika. Im eigenen Land und mit der Unterstützung nicht nur der weißen

Bevölkerung konnten die *Springboks*, wie die Nationalmannschaft genannt wird, zum ersten Mal Weltmeister werden. Symbolträchtig war die Übergabe des Webb-Ellis-Pokals durch den damaligen Staatspräsidenten Nelson Mandela an den Kapitän Francois Pienaar nach dem Endspielsieg gegen England in Johannesburg.

Diese geschichtsträchtige Szene inspirierte auch Hollywood und so spielen die Springboks eine zentrale Rolle in dem 2009 in den USA erschienenen Film *Invictus – Unbezwungen.* Der auf dem Buch *Playing the enemy* von John Carlin basierende Film beschreibt, wie der damalige Präsident von Südafrika, Nelson Mandela, die Weltmeisterschaft nutzte, um die noch kurz zuvor durch Apartheid gespaltene Nation durch die Unterstützung des südafrikanischen Nationalteams über Rassengrenzen hinweg zu einen. Die Regie des Films führte Clint Eastwood. In den Hauptrollen sind Morgan Freeman als Nelson Mandela und Matt Damon als Teamkapitän Francois Pienaar zu sehen.

Rugby in Südafrika heute

Mit dem Ende der Apartheitsregierung gründete sich auch der südafrikanische Rugbyverband neu. Am 23. Mai 1992 entstand aus der Vereinigung des nur für Weiße zugelassenen *South African Rugby Board*s und der für alle Rassen offenen *South African Rugby Union* die neue Organisation *South African Rugby Football Union* (SARFU). Erster Verbandspräsident wurde der frühere Nationalspieler und -trainer Danie Craven. Um sich stärker gegenüber dem Fußball im Land abzugrenzen, benannte man sich 2005 in *South African Rugby* (SARU) um.

Die zunehmende Kommerzialisierung führte im Jahr 2001 zur Gründung des Unternehmens *SA Rugby (Pty) Ltd.*, das die Vermarktung sowie die Markenrechte der Nationalteams übernahm.

Die SARU gliedert sich in 14 Regionalverbände, die in der nationalen Meisterschaft *Currie Cup* durch je eine Auswahlmannschaft vertreten sind. Diese setzen sich aus Spielern der angeschlossenen Vereine zusammen.

Nach dem Fußball ist Rugby die beliebteste Sportart in Südafrika mit einer Fangemeinde von fast 10 Millionen Menschen. Diese Beliebtheit möchte sich der Verband zunutze machen, um die wirtschaftliche Basis weiter zu verbessern und Einnahmen wieder in die weitere Entwicklung des Sports zu investieren.

Die Aktivitäten des Verbandes sind vielfältig. Sie umfassen die Unterstützung bei der Gründung von Rugbyvereinen, die Ausbildung von Trainern und Schiedsrichtern, die Nationalmannschaften, aber auch die Unterstützung von Schulrugby, von informellen Spielgemeinschaften und von Fanprojekten und die Weiterentwicklung der professionellen Ligastrukturen. Denn viele junge Südafrikaner aus den Townships träumen heute bereits von einer Karriere im Profirugby und davon, irgendwann einmal ihr Land bei einer Weltmeisterschaft oder Olympischen Spielen zu vertreten.

So hat Jurie Roux, Geschäftsführer von SARU, denn auch eine Menge zu tun. „Die Führung eines Sportverbandes mit Amateur- und Profibedürfnissen im südafrikanischen Umfeld bringt fast stündlich wechselnde Herausforderungen mit sich." Roux gibt sich allerdings fokussiert und optimistisch. „Wenn es darum geht, ob wir erfolgreich sind, stellen wir uns einfach die drei wichtigen Fragen: Verdienen wir Geld, gewinnen wir auf dem Platz und entwickeln wir uns als Organisation weiter?"

Der Erfolg der letzten Jahre gibt dem Sportmanager recht. Rugby in Südafrika war in den letzten 10 Jahren Vorreiter bei vielen Veränderungen und Innovationen in der südafrikanischen Sportszene. Managementstrukturen und -strategien von SA Rugby haben sich kontinuierlich weiterentwickelt, um mit den Veränderungen und Herausforderungen im südafrikanischen Sportumfeld Schritt zu halten.

Die Südafrikaner haben – anders als Wales, England oder Schottland – kein offizielles „Nationalstadion". Vielmehr tragen die Springboks ihre Länderspiele an verschiedenen Orten aus. Das Stadion des Finalspiels der Weltmeisterschaft von 1995 war beispielsweise das *Ellis-Park-Stadion* in Johannesburg mit einer Kapazität von 60.000 Zuschauern. Weitere, oft genutzte Spielorte der Springboks sind das *Loftus-Versfeld-Stadion* in Pretoria mit einer Kapazität von 45.000 Zuschauern, das etwa 50.000 Zuschauern Platz bietende *Newlands-Stadion* in Kapstadt sowie das *Kings-Park-Stadion* in Durban und das *Nelson-Mandela-Bay-Stadion* in Port Elizabeth.

Sportlich gehören die Springboks zu den absoluten Weltklassemannschaften. Südafrika nahm an allen Weltmeisterschaften seit 1995 teil und die Bilanz kann sich mit zweimal Viertelfinale, zweimal dritter Platz und zweimal Weltmeister sehen lassen.

Genau wie Australien konnten die Springboks zweimal den Weltmeistertitel ans Kap holen. Bei der Heim-WM 1995 und 2007 in Frankreich triumphierte man im Finale zunächst gegen Neuseeland und später gegen England.

Weltmeisterschaft 1987: ausgeschlossen

Weltmeisterschaft 1991: ausgeschlossen

Weltmeisterschaft 1995: Weltmeister

Weltmeisterschaft 1999: dritter Platz

Weltmeisterschaft 2003: Viertelfinale

Weltmeisterschaft 2007: Weltmeister

Weltmeisterschaft 2011: Viertelfinale

Weltmeisterschaft 2015: dritter Platz

3.1.9 Argentinien

Das beste Rugbyland in Südamerika – Argentinien. Mit seinen Klubs gehört die Sportart in dem Land mit 44 Millionen Einwohnern neben Fußball und Basketball zu einem festen Bestandteil der Sportkultur.

Angefangen hat alles – wie in so vielen Rugbynationen – Mitte des 19. Jahrhunderts, als die Sportart von den englischen Kolonialherren eingeführt wurde. Das erste Rugby-Union-Spiel in Argentinien fand 1873 statt, die Sportart war von britischen Einwanderern eingeführt worden.

1899 gründeten vier Vereine aus der Hauptstadt Buenos Aires den nationalen Verband *River Plate Rugby Football Union,* der 1951 in *Unión Argentina de Rugby* umbenannt wurde.

Obwohl auch in den Nachbarländern, wie Uruguay, Peru oder Brasilien, Rugby gespielt wird, ist Argentinien die beste südamerikanische Mannschaft, die aktuell auf dem 10. Weltranglistenplatz steht und sich in den letzten Jahren enorm entwickelt hat.

Beim Rugby World Cup sind die *Pumas*, wie die Nationalmannschaft genannt wird, seit 1987 vertreten und qualifizierten sich für jedes Turnier. Allerdings verliefen die ersten drei Weltmeisterschaften sportlich sehr enttäuschend, denn man konnte keinen Sieg beim Turnier erringen.

Seit dem Rugby World Cup 2007 zeigt die Formkurve allerdings nach oben. Mit zwei deutlichen Siegen gegen Chile und Uruguay qualifizierten sich die Pumas für die Weltmeisterschaft 2007, wo sie im ersten Spiel den großen Favoriten Frankreich schlagen konnten. Die Argentinier wurden Gruppensieger und begeisterten beim 19:13-Viertelfinalsieg gegen Schottland. Im Halbfinale mussten sie sich dem späteren Weltmeister Südafrika mit 13:37 geschlagen geben, aber im Spiel um Platz drei schlugen sie erneut Gastgeber Frankreich (mit 34:10) und errangen damit den größten Erfolg ihrer Geschichte.

Beim letzten Rugby World Cup in England 2015 belegten die Pumas nach der 13:24-Niederlage gegen Südafrika im „kleinen Finale" um Platz drei zwar nur den vierten Platz, bestätigten aber mit ihrer Leistung den langfristig positiven Trend.

3.2 NEW KIDS ON THE BLOCK

Die großen Wachstumsmärkte für die Sportart Rugby liegen vor allem in Asien und in den USA. Aber auch in Europa gibt es noch Nationen, die bald auf der Rugbyweltkarte auftauchen könnten.

Wir werfen einen Blick auf die Entwicklungen in den Regionen und Ländern und darauf, welche Protagonisten die Sportart hier vorantreiben.

3.2.1 USA – die neue Rugby Macht?

Einer der Märkte, auf denen sich in den letzten Jahren viel in der Entwicklung des Rugbys getan hat, sind die USA. Hier trifft die athletische Sportart nicht nur auf ein sportbegeistertes Publikum, sondern auch auf bereits zum Teil professionelle Strukturen und Vorlagen, wie Mannschaftssport erfolgreich organisiert und vermarktet wird. Die Beispiele NFL, NBA oder NHL lassen grüßen.

Die USA haben einen Talentpool von mehr als 325 Millionen Menschen, ein Sportsystem, das in den Schulen, Colleges und Universitäten etabliert ist. Grundsätzlich genießt Sport, aber auch der Profisport, in der Gesellschaft hohes Ansehen. Deshalb kommt es auch nicht von ungefähr, dass sich World Rugby den US-Markt und den Verband *USA Rugby* als einen der ganz besonderen Partner bei der Weiterentwicklung des Sports ausgesucht hat.

Ein erster Test war 2018 die Austragung der Weltmeisterschaften im 7er-Rugby in San Francisco. Dass Rugby in den Vereinigten Staaten eine steigende Popularität genießt, ist vor allem getragen vom Erfolg des Herren-7er-Teams und einer größeren Präsenz des Sports im Land als je zuvor.

Acht Gründe für eine positive Entwicklung von Rugby in den USA

- ★ Die Bevölkerung ist sportbegeistert.
- ★ Es existiert eine hervorragende Sportinfrastruktur.
- ★ Mit Basketball, American Football, Eishockey und Baseball gibt es bereits Profisportligen.
- ★ Professionelles Sportmanagement in vielen Sportarten.
- ★ Ein Talentpool, der 325 Millionen Menschen umfasst.

- ★ Sportarten wie Football sind mit dem Rugby verwandt, Talente aus Leichtathletik und Football können schnell in Rugbyteams integriert werden.
- ★ Die Olympischen Spiele finden 2028 in Los Angeles statt.
- ★ Erfolgreiche Testspiele der Nationalmannschaft und ein erfolgreicher Rugby World Cup Sevens in San Francisco 2018.

Nachdem World Rugby in der Vergangenheit bereits internationale Testspiele in Chicago und Washington ausgetragen hatte, war der erfolgreiche Rugby World Cup Sevens 2018 in San Francisco ein voller Erfolg. Mehr als 100.000 Fans strömten in den *AT & T Park*, der mit 41.915 Plätzen die Heimat des San Francisco Giants Baseballteams ist.

„Die Zuschauerzahl von 100.000 zu erreichen, ist großartig und es zeigt, dass nicht nur San Francisco selbst, sondern auch die Menschen, die hierhergekommen sind, die Veranstaltung wirklich angenommen haben", zeigte sich World Rugby CEO Brett Gosper hochzufrieden.

Das Fernsehen spielt eine große Rolle

In den letzten Jahren haben bereits die Liveübertragungen der englischen Premiership Rugby und des Six-Nations-Turniers auch in den USA stetig zugenommen. Der Fernsehsender *NBC* übertrug die Spiele des Rugby World Cup Sevens 2018 in San Francisco live. Jüngste Untersuchungen, die von World Rugby in Auftrag gegeben wurden, ergaben, dass schätzungsweise 33 Millionen Rugbyfans in den USA sich entweder als sehr interessiert oder interessiert an diesem Sport zeigen.

Der nächste Schritt bei der Entwicklung dürfte die Vergabe des Rugby World Cups in die USA sein. Schaut man sich die Vergabepolitik von World Rugby an, so kommen die USA im Jahr 2027 durchaus als möglicher Austragungsort für dieses Megaevent infrage. Denn nach Asien 2019 (Japan) und Europa 2023 (Frankreich), wäre eine Vergabe nach Nordamerika nur logisch, wenn man die Sportart auf dem amerikanischen Kontinent weiter entwickeln will.

Damit würde World Rugby seiner Politik folgen, jeweils immer ein Jahr vorher im Land der Olympischen Spiele seinen Topevent zu veranstalten. Der Prozess zur Vergabe der WM 2027 soll innerhalb der nächsten zwei Jahre beginnen, eine Entscheidung wird für 2021 erwartet. World Rugby CEO Gosper glaubt jedenfalls, dass „ein amerikanisches Gebot für 2027 nicht außerhalb der Möglichkeiten liegt".

Neben einer professionellen Struktur und Organisation des Verbandes ist eine erfolgreiche Profiliga Grundlage für eine weitere erfolgreiche Entwicklung. Die *Major League Rugby* ist gerade in der zweiten Saison und soll bis 2020 von 7 auf 10 Teams erweitert werden, die in zwei Konferenzen spielen. Neben privaten Investoren, ganz nach dem Beispiel der anderen Profiligen, haben sich auch Investoren aus den traditionellen Märkten beteiligt. So hat beispielsweise Scottish Rugby (SRU) einen Anteil am Washingtoner Klub Old Glory übernommen und wird den Klub aus der Hauptstadt nicht nur finanziell, sondern auch mit Knowhow unterstützen.

3.2.2 China

Ein weiterer aufsteigender Stern am Rugbyhimmel könnte China werden. Das Land mit seinen 1,3 Milliarden Einwohnern, mittlerweile zweitstärkste Wirtschaftsmacht der Welt, möchte auch im Sport weiter nach vorne kommen – und zwar im professionellen Sport. Die Sportart Nummer eins in China ist derzeit Basketball, vor Tischtennis. Rugby spielen derzeit (Stand: November 2018) lediglich geschätzt 70.000 Menschen. Das soll sich in den nächsten Jahren ändern.

Treiber der Entwicklung in China ist *Alisport*, das Tochterunternehmen von *Alibaba*, dem chinesischen *Ebay*. Der Konzern investiert laut Medienberichten in den kommenden Jahren rund 100 Millionen US-Dollar in den Rugbysport. Im April 2016, anlässlich der Hongkong Sevens, unterzeichneten World Rugby CEO Bret Gosper und der Alisports-Gründer und Geschäftsführer Zhang Dazhong hierzu einen Kooperationsvertrag.

Auch World Rugby ist selbstverständlich an der Entwicklung des Sports auf einem solch großen Markt interessiert. Ziel der strategischen Zusammenarbeit ist es, Rugby an 10.000 Schulen als Schulsport einzuführen und bis 2028 rund eine Million registrierte Spielerinnen und Spieler in China zu haben. Das Alisports-Programm zielt, neben der Gründung einer Profiliga für Männer und Frauen, auch darauf ab, bereits bis 2020 rund 30.000 Trainer und 15.000 Spieler zu rekrutieren und auszubilden, während der digitale Arm des Unternehmens ein landesweites Marketingprogramm starten und Rugby auf seinen TV-Sendern und digitalen Kanälen ausstrahlen will.

Dass China ein schwieriger Markt ist und nicht alle ambitionierten strategischen Pläne sich so einfach umsetzen lassen, zeigten Gespräch im April 2018. Nachdem es in der Regierung einige Wechsel von Sportfunktionären gab und eine intransparente Sport Governance mit sich brachten, sah sich World Rugby genötigt, die Kooperation zeitweise auszusetzen.

3.2.3 Japan

Weiter in der sportlichen Entwicklung ist bereits Japan. Das Land mit 126 Millionen Einwohnern und Wirtschaftsmacht Nummer drei in der Welt besitzt bereits seit 1899 eine „Rugbykultur", als ein englischer Universitätsprofessor den Sport an seiner Hochschule bekannt machte. Bis zum ersten Länderspiel musste man dann allerdings bis 1932 warten, als man gegen Kanada einen 9:8-Sieg verbuchte.

Immerhin hat Japan bisher an allen Rugby World Cups der Männer seit 1987 teilgenommen, überstand allerdings nie die Gruppenphase und hält bis heute noch den Rekord für die höchste, jemals bei einer Rugbyweltmeisterschaft erlittene Niederlage: 17:145 gegen die All Blacks aus Neuseeland 1995 in Südafrika. Auch in den Folgejahren konnten sich Gegner der Japaner auf ein Kräftemessen freuen, gingen die Japaner doch meistens als Verlierer vom Platz, gelegentlich auch mit dreistelligem Ergebnis.

Seit knapp 12 Jahren hat sich das sportliche Konzept in Sachen Rugby in Japan allerdings geändert. Den ersten Schritt machte der japanische Rugbyverband 2007, als man mit dem Neuseeländer John Kirwan einen Experten für die Nationalmannschaft verpflichtete. Die Rugbylegende setzte denn auch für den Rugby World Cup 2007 in Frankreich gleich klare Ziele und wollte mit seinem Team in der Vorrunde zwei Siege erzielen. Daraus wurde zwar nichts, aber mit einem Unentschieden gegen Kanada und einem erstklassigen Spiel und einer knappen Niederlage gegen Fidschi konnten die Japaner das bis dahin beste Ergebnis erzielen.

Der sportliche Aufwärtstrend setzte sich 2008 bei den Asian Five Nations (dem Pendant zu den European Six Nations) fort, als man souverän gegen Südkorea, Kasachstan, Hongkong und eine arabische Auswahl gewann. 2012 wechselte das Trainerteam und der Verband verpflichtete Eddie Jones als Nationaltrainer.

Jones, der bereits drei Jahre lang Vereinstrainer beim Profiklub Suntory Sun Goliath war, kannte die Spieler und die Mentalität und konnte auf den sportlichen Erfolg aufbauen. Es war daher nur eine logische Folge, dass der Rugby World Cup 2015 zum bisher erfolgreichsten Turnier für die Japaner wurde. Mit drei Siegen aus vier Spielen beeindruckten die Spieler von Eddie Jones die Rugbywelt. Darunter auch ein 34:32-Sieg gegen eine der besten Mannschaften der Welt, die Springboks aus Südafrika.

Seit 2016 steht die japanische Nationalmannschaft wieder unter dem Kommando eines Neuseeländers. Dem ehemalige All-Black-Spieler Jamie Joseph wurde die Aufgabe übertragen, das Team für die Heim-WM 2019 vorzubereiten.

Grundlage des Erfolgs der letzten Jahre ist – neben den Trainern – vor allem auch eine professionelle Ligastruktur. In Japan, anders als in anderen Ländern, gehören Sportklubs jeweils Wirtschaftsunternehmen: von NEC über Toyota bis zu Toshiba oder Honda. Zur Unternehmenskultur gehört ein Sportklub, der auf der Profiseite für die Unterhaltung der Mitarbeiter sorgt und auf der Breitensportebene Betriebssport für die Mitarbeiter anbietet. So ermöglicht eine professionelle Liga nicht nur eine langfristig ausgerichtete sportliche Planung, die auf einer gesunden wirtschaftlichen Basis basiert. Diese ist dann auch eine Grundlage, dass Topspieler nach ihrer Karriere noch gerne ein paar Jahre in Japan als Spieler absolvieren, so wie der All-Black-Superstar Dan Carter, der bei den Kobe Kobelco Steelers aktiv ist.

Nicht nur im 15er-Rugby hat Japan mittlerweile zur Weltspitze aufgeschlossen. Im olympischen 7er-Rugby konnte man in Rio de Janeiro 2016 bei den Männern bis in das kleine Finale vordringen, in dem man dann allerdings Südafrika deutlich unterlag. Bei den Frauen reichte es zwar nur zu einem bisher 10. Platz im olympischen Turnier, doch 2020 sind die Olympischen Spiele bekanntlich in Tokio und man kann davon ausgehen, dass der japanische Rugbyverband alle Anstrengungen unternehmen wird, um vor heimischer Kulisse ein optimales Ergebnis zu zeigen.

3.2.4 Deutschland

Es mag schon vermessen klingen, wenn man Deutschland als eines der „New Kids on the Block" – also eine der potenziell neuen Rugbynationen – bezeichnet. Zumindest aber hat Deutschland das Potenzial, eine deutlich stärkere Rolle in der Rugbywelt zu spielen, sowohl im 15er-Rugby als auch im olympischen 7er-Rugby. Dieser Meinung ist auch der Weltverband World Rugby, der Deutschland seit einigen Jahren mit einem Entwicklungsprogramm unterstützt.

Dabei macht eine Unterstützung aus Sicht des Weltverbandes vor dem Hintergrund der Ausbreitung der Sportart – auch im starken europäischen Raum – Sinn. Mit mehr als 80 Millionen Einwohnern ist Deutschland die größte Volkswirtschaft in Europa. Große deutsche Unternehmen, wie BMW, DHL oder Allianz, haben sich bereits als Sponsoren beim Rugby World Cup engagiert. Die Sportinfrastruktur in Deutschland mit Sportanlagen, Trainerausbildung und Leistungssportstrukturen ist eine der führenden in der Welt.

Zwar spielen (Stand: Januar 2019) nur knapp 15.000 Mitglieder in Deutschland, aber mit Wachstumsraten in den vergangenen fünf Jahren von rund 7 % jährlich ist Rugby die am stärksten wachsende Mannschaftssportart im Land.

Auslöser für den Rugbyboom in Deutschland waren zwei Faktoren. Zum einen die Aufnahme des schnellen olympischen 7er-Rugby in das olympische Programm 2009, zum anderen die Beteiligung des Mäzens Dr. Hans-Peter Wild im deutschen Rugby.

Ein neu ausgearbeitetes, mit öffentlichen Geldern des Deutschen Olympischen Sportbundes gefördertes Entwicklungsprogramm und ein von World Rugby unterstütztes Leistungssportkonzept stellte den Rugbysport in Deutschland neu auf. Grundlage für den sportlichen Erfolg der vergangenen Jahre waren zunehmend hauptamtliche Strukturen im Verband und ausländische Trainer aus etablierten Rugbynationen, wie Neuseeland, Australien, England oder Südafrika, die nicht nur auf dem Platz Spieler ausgebildet haben, sondern auch ihre Arbeitsweisen und Philosophien an deutsche Trainer weitergegeben haben: mit wachsendem sportlichen Erfolg.

Zwar verpasste die Herren-Nationalmannschaft die Qualifikation für die Olympischen Spiele 2016 in Rio de Janeiro knapp, aber beim letzten Qualifikationsturnier im Sommer 2016 belegte man in Monaco einen respektablen vierten Platz. Die aufsteigende Leistungskurve der 7er-Herren-Nationalmannschaft verdeutlichen auch die Ergebnisse beim Qualifikationsturnier zur World Sevens Series, beim dem sich der Sieger für die jährlich stattfindende globale Turnierserie qualifizieren kann, die jährlich im April am Rande der traditionellen Hong Kong Sevens in der asiatischen Metropole ausgetragen wird.

Nach einem zweiten Platz 2017, erreichte die Mannschaft auch 2018 das Finale. Bis 24 Sekunden vor Schluss führten die Spieler von Bundestrainer Vuyo Zanqua gegen Japan und verloren am Ende mit einem einzigen Versuch denkbar knapp. Auch 2019 zeigte das Team eine erstklassige Leistung, erreichte das Viertelfinale und musste sich dort aber dem späteren Sieger Irland geschlagen geben. Das Ziel im 7er-Rugby der Herren, die 2018 Vize-Europameister wurden, bleibt weiterhin das olympische Turnier 2020 in Tokio, das über die kontinentalen Qualifikationsturniere im Sommer 2019 oder durch das letzte Qualifikationsturnier im Sommer 2020 erreicht werden kann.

Neben der öffentlichen Förderung der olympischen 7er-Variante durch den DOSB und das Bundesministerium des Inneren (BMI) fand in den vergangenen Jahren aber auch eine umfangreiche Förderung des Rugbysports mit privaten Mitteln statt. Der erfolgreiche Heidelberger Unternehmer Dr. Hans-Peter Wild, der sein Vermögen mit der Marke Capri-Sonne gemacht hat, gründete 2008 seine „Wild Rugby Academy" (WRA) in Form einer gemeinnützigen Stiftung und unterstützte mehr als 10 Jahre den Rugbysport in Deutschland auf verschiedenen Ebenen, vorwiegend im 15er-Rugby.

Die WRA, mit Hauptsitz in Heidelberg, setzte zunächst auf die Entwicklung in der Breite, förderte mit ihren Lehrgängen Trainer und Vereine, bereiste Deutschland und hatte so einen maßgeblichen Anteil daran, dass der Sport in der Breite und vor allem im Kinder- und Jugendbereich neue Impulse bekam. Ein wichtiger Baustein dabei war und sind ausländische Trainer aus Rugbynationen. Der Südafrikaner Kobus Potgieter, der lange Jahre für die sportliche Ausrichtung der Academy zuständig war und zeitweise auch die 15er-Herren-Nationalmannschaft verantwortlich leitete, hat sicherlich einen großen Anteil an der erfolgreichen Aufbauarbeit der Akademie.

Seit dem Jahr 2016 intensivierte die WRA dann die Unterstützung der 15er-Herren-Nationalmannschaft sowohl finanziell als auch personell. Beide Maßnahmen haben ihre Wirkung nicht verfehlt. Im 15er-Rugby konnte die Herren-Nationalmannschaft von Trainer Mike Ford im Herbst 2018 beim letzten WM-Qualifikationsturnier in Marseille einen zweiten Platz hinter Kanada belegen. Eine Sensation, wenn man bedenkt, dass Deutschland noch nie bei einem Rugby World Cup vertreten war.

Die Grundlagen für eine weitere positive Entwicklung der Sportart in Deutschland sind also gelegt. Mehr zu Rugby in Deutschland in Kapitel 9.

★ 4 ★

DIE INTERNATIONALEN 15ER-LIGEN

Rugby wird heute weltweit in einer Reihe von Profiligen gespielt. Wir werfen einen Blick auf die größten und wirtschaftlich erfolgreichsten Ligen des Rugbys, widmen uns der Struktur, den Spielsystemen und schauen auf den Ligabetrieb auch aus Sportmarketingsicht.

4.1 ENGLAND – GALLAGHER PREMIERSHIP

Die *Gallagher Premiership* ist die höchste Spielklasse im englischen Rugby. In der Saison 1987/88 wurde der Spielbetrieb gestartet und wird vom englischen Rugby Verband (Rugby Football Union) und der Premier Rugby Limited in Form eines Joint Ventures namens *England Rugby Limited* organisiert und geführt. Insgesamt 12 Mannschaften stehen sich dort im Ligabetrieb gegenüber.

Der Name lässt es vermuten: Die Premiership Rugby vermarktet ihre Namensrechte selbst. Diese Strategie verfolgt man in England seit der Gründung 1987. Bevor sich der amerikanische Versicherungsmakler *Gallagher* die Namensrechte sicherte, waren der Versicherungskonzern *AVIVA*

(2011-2018), die irische Brauerei *Guinness* (von 2005/06 bis 2009/10), die *Zurich Insurance Group* (von 2000/01 bis 2004/05), die heutige Zurich-Tochter *Allied Dunbar* (von 1997/1998 bis 1999/2000) und *Courage* (von 1987/88 bis 1996/97) die Namensgeber der Liga. Auch in der Vermarktung der TV-Rechte machte die Liga in den letzten Jahren große Fortschritte. Der von 2012 bis 2015 laufende TV-Vertrag mit *BT Sports* brachte dem englischen Verband laut Medienberichten umgerechnet 172 Millionen Euro ein. Der neue Vertrag, der bis 2021 läuft, soll noch lukrativer sein.

Trotz steigender Einnahmen sind die Ausgaben der englischen Vereine in Form von Gehaltsobergrenzen reguliert. Der Gehaltsetat lag in der Saison 2017/18 bei sieben Millionen Euro pro Jahr und Verein. Ziel ist es zum einen, die wirtschaftliche Nachhaltigkeit der Klubs sicherzustellen und zum anderen, die Vereine dazu zu bewegen, die eigene Jugendarbeit zu fördern.

4.2 FRANKREICH – TOP 14

Die *Top 14* ist die höchste Spielklasse in Frankreich, in der 14 Klubs um die Meisterschaft spielen. Von 2001 bis 2005 waren es sogar 16 Teams, weswegen die Liga den Namen *Top 16* trug. Organisiert wird sie durch die *Ligue Nationale de Rugby (LNR)*, eine Kapitalgesellschaft. Auch in Frankreich ist das öffentliche Interesse an der Sportart Rugby und an der Liga in den letzten Jahrzehnten deutlich angestiegen. Während die Finalspiele der Meisterschaft Anfang der 1990er-Jahre noch vor knapp 50.000 Zuschauern ausgetragen wurden, hat man das Finale der Saison 2016/17 im ausverkauften *Camp Nou* in Spanien ausgetragen. 100.000 Menschen waren hautnah dabei, als Racing 92 über den RC Toulon siegte.

Wie in England hat man es auch in Frankreich geschafft, einen lukrativen TV-Vertrag zu verhandeln. In den Spielzeiten 2019/20 bis 2022/23 erhält die LNR 97 Millionen Euro pro Saison vom Pay-TV-Sender *Canal+*.

Auch in der französischen Profiliga werden die finanziellen Ausgaben, in Bezug auf Spielergehälter, begrenzt. Die Gehaltsobergrenze, der Cap, lag in der Saison 2017/18 bei 12 Millionen Euro pro Team. In Frankreich haben einige Teams, darunter besonders der RC Toulon, jedoch Schlupflöcher gefunden, um diesen Maximalbetrag zu umgehen. Verträge wurden so ausgelegt, dass das Grundgehalt durch Prämien von bis zu 50 % aufgestockt wurde.

Nicht nur die Gehaltsobergrenze ist in Frankreich höher als in den anderen Ligen, sondern auch die Etats der Klubs liegen deutlich über denen der internationalen Konkurrenz. In Frankreich standen den 14 Klubs in der Saison 2016/17 zwischen 16 und 30 Millionen Euro jährlich zur Verfügung. Toulouse und Clermont sind dabei mit knapp mehr als 30 Millionen Euro Etat die Vereine, die die größten finanziellen Mittel zur Verfügung haben.

4.3 GUINNESS PRO 14

Während die europäischen Ligen weitestgehend nationale Ligen sind, ist die *Guinness Pro 14* eine internationale Liga, mit Vereinen aus mehreren Ländern und privatwirtschaftlich als Unternehmen organisiert.

Nach ihrer Gründung nahmen zunächst nur 12 Mannschaften aus Wales, Irland, Schottland und Italien am Ligabetrieb teil, bevor 2018 zwei südafrikanische Teams in die Liga aufgenommen wurden. Unter den heute 14 Teams befinden sich nun je vier Franchises aus Irland und Wales, sowie je zwei Franchises aus Schottland, Italien und Südafrika.

Auch die *Pro 14* hat schon eine längere Historie mit der Vermarktung ihrer Namensrechte. Nach ihrer Gründung 2001, unter dem Namen *Celtic League*, entschied man sich in der Saison 2005/06, seine Namensrechte an den irischen Ciderhersteller *Magners* zu verkaufen. 2011 erwarb die *Rabobank* die Rechte bis 2014, bis *Guinness* dann als Namensgeber einstieg.

Die Budgets in der *Guinness PRO 14* sind im Vergleich zur *Premiership* oder *TOP 14* deutlich niedriger. In Wales arbeiten die Klubs der Cardiff Blues und der Scarlets aus Llanelli mit jährlichen Etats von knapp sechs Millionen Euro, während andere Klubs wie die Dragons nur über knapp vier Millionen Euro Budget verfügen.

Der Gesamtbetrag der irischen Vereine liegt bei 34 Millionen Euro für ihren Spieleretat – also zwischen sieben und acht Millionen Euro im Jahr pro Klub. Auch die Vereine in Schottland und Wales liegen auf demselben Niveau, wobei die Etats von Edinburgh und Wales bei 5,50 Millionen Euro bzw. 5,8 Millionen Euro etwas geringer ausfallen als bei den irischen Klubs. Aufmerksamkeit erregte Ende 2018 die Nachricht, das der internationale Investmentfond *CVC Capital* sich für 135 Millionen Euro einen 30%igen Anteil an der Pro 14 Liga gesichert hat.

4.4 SUPER 14 RUGBY

Ebenso wie die Guinness Pro 14 ist auch *Super 14 Rugby* keine nationale Liga, sondern ein internationaler Wettbewerb, der überwiegend auf der Südhalbkugel ausgetragen wird. Momentan besteht die Super-Rugby-Meisterschaft aus 15 Franchisemannschaften, von denen fünf in Neuseeland, je vier in Australien und Südafrika, eine in Japan und eine in Argentinien beheimatet sind. Ins Leben gerufen wurde sie 1996. Als zunächst 12 Mannschaften an den Start gingen, weswegen der Wettbewerb auch *Super 12* hieß.

Organisiert wird das heutige Super 14 Rugby durch eine Organisation namens SANZAAR, die aus allen Verbänden der teilnehmenden Nationen besteht. In diesem Wettbewerb treffen mit Mannschaften aus Südafrika, Australien und Neuseeland die größten Rugbynationen aufeinander. Für Klubs aus Argentinien und Japan ist die Teilnahme an der Liga eine riesige Chance, vom Know-how der führenden Nationen zu profitieren.

Die positive Entwicklung macht sich im Super 14 Rugby auch in finanzieller Hinsicht bemerkbar. Im Vergleich zum letzten TV-Vertrag, der knapp 15 Millionen Euro jährlich einbrachte, hat beispielsweise die australische Rugby Union – als einer der Teilhaber der Liga – im Jahr 2017 fast 33 Millionen Euro jährlich über Fernsehgelder generiert. Bis 2020 wird alleine der australische Verband so insgesamt 173 Millionen Euro über TV-Rechte an der *Super Rugby Liga* einnehmen.

Aber nicht nur in den teilnehmenden Rugbynationen Australien, Neuseeland und Südafrika ist die Nachfrage nach dem Turnier extrem hoch. SANZAAR hat Senderechte auch in Märkte wie USA, Großbritannien, Frankreich, Italien, den Mittleren Osten sowie in den asiatisch-pazifischen Raum verkauft.

Die Erfolgsgeschichte von Super Rugby begann im Jahr 1996. Als Rugby Union professionell wurde, gründeten die australischen, neuseeländischen und südafrikanischen Rugbyverbände SANZAR. Ziel war es, eine internationale Liga mit je vier Teams eines jeden Landes in der Super Rugby Liga zu schaffen.

Darüber hinaus wurde beschlossen, jährlich ein Turnier der Nationalmannschaften zu organisieren – das *Tri-Nations-Turnier*. Die All Blacks aus Neuseeland, die Springboks aus Südafrika und die Wallabies aus Australien. Als Gegenstück zum damaligen Five-Nations-Turnier in Europa sollte einmal im Jahr ein Turnier austragen werden, um sich auch außerhalb der alle vier Jahre stattfindenden Rugbyweltmeisterschaft sportlich zu vergleichen.

Erster Geschäftsführer von SANZAR war David Moffett, der bis 2010 die Geschäfte leitete. In den darauf folgenden Jahren – und auch heute noch – wechseln die Geschäftsführer alle vier Jahre, wobei jeweils immer ein Geschäftsführer aus einem der Mitgliedsverbände das Unternehmen leitet.

Der erste Broadcasting-Deal wurde Mitte der 1990er-Jahre mit dem australischen Sender *News Corp* für 555 Millionen US-Dollar abgeschlossen, was SANZAR die nötigen finanziellen Mittel bescherte, sowohl die Super Rugby Liga als auch das Tri-Nations-Turnier umzusetzen.

Im Dezember 2004 gab SANZAR bekannt, dass ein neuer Fernsehvertrag mit *News Corporation* unterzeichnet wurde, der die Rechte für Großbritannien, Australien und Neuseeland sowie die Supersport-Rechte für Südafrika für einen neu überarbeiteten Vertrag auf 323 Millionen US-Dollar bis 2010 garantierte. Aufgrund der guten wirtschaftlichen Rahmenbedingungen nahm SANZAR zwei weitere Teams zur Super-12-Serie auf, wodurch die Super 14 Rugby entstand.

Am 19. Mai 2009 stellte SANZAR nach längeren Verhandlungen sein Modell für eine erweiterte Saison vor, die 2011 beginnen sollte, was zu einem neuen Spielmodus für Super Rugby und zur Aufnahme einer 15. Mannschaft aus Melbourne führen würde. Die *Super 15* war geboren.

Bereits ein Jahr nach dem erfolgreichen Debüt der neuen Super Rugby 15 Liga, bereitete SANZAR eine weitere Veränderung vor. Aus dem Tri-Nations-Turnier sollte die *Rugby-Championship* werden. Nach 16 Jahren Tri-Nations wurde Argentinien in das Konsortium aufgenommen, das seit 2016 *SANZAAR* heißt. Neben der Teilnahme an der Rugby-Championship wurde Argentinien auch Partner in der Super Rugby 15 Liga und konnte so einen Klub in den Wettbewerb entsenden.

Der von SANZAAR 2016 ausgehandelte neue Fernsehvertrag mit *Sky TV* dürfte den Mitgliedsverbänden laut Pressemeldungen des neuseeländischen *NZ Herald* weitere finanzielle Verbesserungen bringen. Aufgrund der gestiegenen Konkurrenz auf dem Medienmarkt, musste *SkyTV* ein deutlich verbessertes Angebot unterbreiten, um weiterhin die Super Rugby 15 und die Rugby-Championship zu übertragen. Profitieren werden davon, neben den einzelnen Verbänden, vor allem die Profispieler, denen laut Vertrag jeweils rund 37 % der TV-Einnahmen zustehen. So rechnet allein der neuseeländische Verband laut Pressemeldungen bis 2020 mit bis zu 380 Millionen Euro Einnahmen durch die neuen Fernsehverträge.

★ 5 ★

TOPSTARS DES SPORTS

Jeder Sport hat seine Protagonisten: die bekannten Gesichter, Spieler und die Menschen hinter den Vereinen, den Verbänden, den Mannschaften oder den Veranstaltungen. Nicht anders ist es auch im Rugby. Ein kleiner Ausschnitt des „Who's Who" im internationalen Rugbysport, welche Persönlichkeiten den Rugbysport in den vergangenen Jahrzehnten geprägt haben und ihn zu dem gemacht haben, was er heute ist.

5.1 Dan Carter

Wer über die beste Rugbymannschaft der Welt spricht, kommt an einem Spieler nicht vorbei: Dan Carter. Kaum ein Spieler war so erfolgreich und gleichzeitig ein positives Aushängeschild seiner Sportart. Erst mit 21 Jahren, im Jahr 2003, machte Carter sein Länderspieldebüt in Hamilton, bei dem er 20 Punkte erzielte. Carter war danach für Neuseelands Kader für die Weltmeisterschaft 2003 in Australien nominiert, wo er erstmals internationale Aufmerksamkeit bekam. Bis 2008 spielte Carter Provinzrugby für die Crusaders in der Super 14 und für Canterbury im Air New Zealand Cup. Mit der Unterstützung Carters gewannen die Crusaders, 2005, 2006 und 2008 die Meistertitel der Super-Rugby-Liga.

Ende 2008 wechselte Carter nach Frankreich zu Perpignan, kehrte dann aber im Juni 2009 zurück, um an der Vorbereitung zur Weltmeisterschaft 2011 in Neuseeland teilzunehmen. Damit war er der erste Spieler der All Blacks, dem ein Aufenthalt im Ausland und die spätere Rückkehr in die Nationalmannschaft erlaubt wurde. Sportlich hatte sich das Engagement in Frankreich allerdings nicht gelohnt. Aufgrund von Verletzungen kam Carter nur auf fünf Einsätze während seiner Zeit in Frankreich.

Aufsehenerregend war im August 2006 ein Strafkick Carters gegen Südafrika, den er aus 62 m Entfernung zwischen den Stangen versenkte. Es war einer der weitesten Kicks, die jemals während eines Länderspiels erzielt wurden. Auch seine 25 Länderspielversuche sind für einen Verbindungshalb der All Blacks Rekord. In der modernen Rugbyszene wird er als einer der besten Verbinder angesehen.

Carter interessierte sich – neben dem Rugbyspielen – auch für das Unternehmertum. In seiner 2015 erschienenen Biografie *The Autobiography of an All Black Legend* beschreibt er, wie er mit einem Freund und Geschäftspartner in mehrere Einzelhandelsgeschäfte investiert, die sich zwar anfangs wirtschaftlich sehr gut entwickelten, aber am Ende doch mit hohem Verlust verkauft werden mussten. „Lehrgeld, es war einfach Lehrgeld", schreibt er sehr selbstkritisch in seinem Buch.

Die Lektion scheint Carter allerdings verinnerlicht zu haben, denn auch neben dem Rugbyplatz ist er heute als Geschäftsmann und Investor erfolgreich. Aufsehenerregend war das Engagement des eher als schüchtern geltenden Carter als Wäschemodell für die Firma Jockey. „Es war schon ein komisches Gefühl, sich auf einmal auf Postern in der ganzen Stadt zu sehen", gab Carter in einem Interview zu.

In seiner aktiven Karriere als Rugbyspieler bekam er zahlreiche Auszeichnungen, war dreimal „Spieler des Jahres" des Weltverbandes World Rugby und im WM-Finale 2015 wurde er zum „Player of the Match" gewählt.

Nach der WM in England beendete Carter seine Karriere bei den All Blacks und konnte so in die französische Liga wechseln. Der heute

37-Jährige spielt aktuell in Japan bei den Kobe Steelers und lässt hier seine Karriere ausklingen.

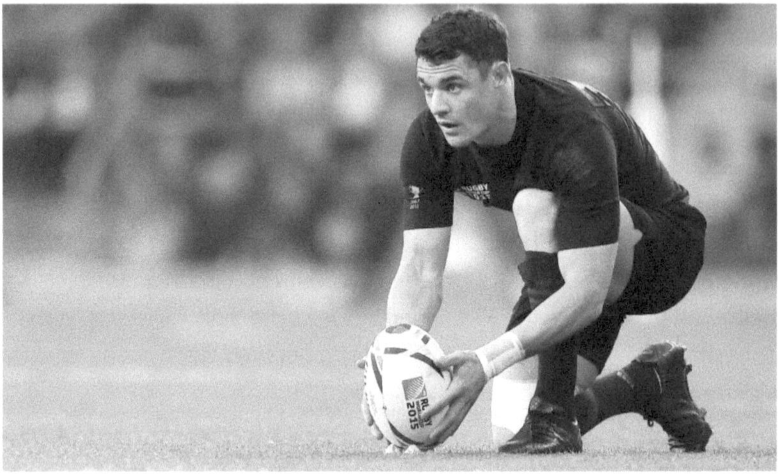

5.2 Ritchie McCaw

Ein weiterer Spieler der All Blacks und in der Weltmeistermannschaft 2015 mit Dan Carter erfolgreich ist Ritchie McCaw (Jahrgang 1980), der als einer der besten Flügelstürmer der Welt galt.

McCaw spielte auf Vereinsebene für die Canterbury Rugby Football Union in der neuseeländischen Meisterschaft (Air New Zealand Cup) und für die Crusaders in der Super League. Der Kapitän der neuseeländischen Rugby-Union-Nationalmannschaft ist weltweit der Spieler mit den meisten Länderspielen. Mit den All Blacks gewann er die Rugby-Union-Weltmeisterschaft 2011 und 2015. In Fachkreisen gilt McCaw als bester Spieler aller Zeiten bei den All Blacks.

Mit sieben Jahren begann McCaw seine Rugbykarriere im neuseeländischen Dunedin an der Otago Boys' High School. Sein Talent zeigte sich schnell und im gut organisierten Trainings- und Talentsichtungssystem Neuseelands konnte sich der zukünftige Weltklassespieler optimal entwickeln. Sein sportliches Talent brachte ihm ein Rugbystipendium an der Lincoln University in Christchurch ein. Er nahm das Angebot an und studierte dort Agrarwirtschaft. Dies ermöglichte es ihm, für den Profiverein Crusaders in Canterbury zu spielen.

Bereits mit 20 Jahren wurde er für die neuseeländische Nationalmannschaft nominiert und hatte sein erstes Spiel gegen Irland, das für ihn so erfolgreich verlief, dass er zum „Man of the Match" gewählt wurde.

60 Länderspiele und vier Jahre später übernahm er Ende 2004 – zunächst vorübergehend – gegen Wales zum ersten Mal die Kapitänsbinde und wurde 2006 dann zum offiziellen Kapitän der All Blacks ernannt. Er folgte damit auf den legendären Tana Umaga, der offiziell mit Beginn der Saison 2006 zurückgetreten war. Überhaupt war das Jahr 2006 sehr erfolgreich für McCaw. Mit den All Blacks wurde er zur Mannschaft des Jahres gewählt, die Players' Association sah in ihm den besten Spieler des Jahres und der Weltverband ehrte ihn als besten Spieler der Saison.

Am 15. August 2015 bestritt McCaw beim 41:13-Sieg der All Blacks im *Eden Park* in Auckland gegen den Erzrivalen Australien sein 142. Länderspiel und übertraf damit die bisherige Weltrekordmarke des Iren Brian O'Driscoll.

Nach dem Rugby World Cup 2015 in England gab McCaw das Ende seiner aktiven Karriere bekannt, um zukünftig für ein in Christchurch ansässiges Unternehmen tätig zu werden. Am 31. Dezember 2015, seinem 35. Geburtstag, wurde McCaw als bis dahin jüngster Träger mit dem *Order of New Zealand* ausgezeichnet.

5.3 Mark Ella

Als einer der besten australischen Spieler aller Zeiten gilt Mark Ella (Jahrgang 1959). Ella, der auf der Position des Verbinders spielte, war der erste Aborigine einer australischen Nationalmannschaft. Auch seine beiden Brüder Gary und Glen spielten bei den Wallabies. Ella gab als 21-Jähriger sein Debüt für Australien gegen Neuseeland und erzielte gleich seine ersten Punkte durch ein sogenanntes *Drop-Goal.* Auch in den folgenden

Spielen setzte er durch seine schnelle, offensive Spielweise Akzente. Die Wallabies führte er 1982 erstmals als Kapitän an und formte zusammen mit David Campese ein gefährliches Duo. In seinem letzten Profijahr gab er das Kapitänsamt an Andrew Slack ab.

Im Anschluss an eine erfolgreiche Europatour der Wallabies 1984, bei der jeweils England, Irland, Schottland und Wales geschlagen werden konnten, gab Ella überraschend sein Karriereende mit nur 25 Jahren bekannt. Er schlug im Folgenden auch finanziell lukrative Angebote von Rugby-League-Vereinen aus. Für seine Verdienste um den Sport wurde ihm der *Order of Australia-Medal* verliehen.

5.4 Jonah Lomu

Der erste Superstar der Sportart Rugby war sicherlich Jonah Lomu. Allerdings ein Star ohne Allüren, ein Botschafter seiner Sportart und seines Teams, den All Blacks.

Lomu, tongaischer Abstammung, Jahrgang 1975, wuchs in schwierigen familiären und sozialen Verhältnissen auf und lebte die ersten sechs Jahre seines Lebens bei einer Schwester seiner Mutter auf Tonga. Mit 19 Jahren begann seine Karriere bei den All Blacks und er war damit der jüngste Nationalspieler Neuseelands.

1994 rückte er ins internationale Rampenlicht beim Hong-Kong-Sevens-Turnier. Er wurde für zwei Länderspiele gegen Frankreich im Juni und Juli 1995 nominiert.

Mit seinem Stil und vor allem durch seine überlegene Schnelligkeit war Lomu der Schrecken aller Verteidiger und dominierte durch seine Spielweise. Trotz seiner ca. 125 kg Körpergewicht und 1,96 m war Lomu in der Lage, die 100 m in 10,8 Sekunden zu sprinten. Sein Einsatz im Spiel gegen England bei der Weltmeisterschaft 1995 wurde vom Weltverband und Fachleuten zum besten Spieleinsatz aller Zeiten gewählt. Nach der Weltmeisterschaft 1995 erhielt er Vertragsangebote von der National Football League in den Vereinigten Staaten, die er jedoch ausschlug.

In seiner Profizeit spielte er 63-mal für die All Blacks, legte 37 Versuche und erzielte insgesamt 185 Punkte. Mit 15 Versuchen bei der Teilnahme an den Weltmeisterschaften 1995 und 1999 stellte er einen bis heute ungebrochenen Rekord auf.

Aber das Schicksal meinte es nicht immer gut mit Lomu. Bereits 1994 wurde ein nephrotisches Syndrom, ein seltenes Nierenleiden, bei ihm entdeckt, das seine sportliche Karriere zunächst kaum beeinträchtigte. Ab 1998 machte sich seine Erkrankung allerdings zunehmend im Training und Spiel bemerkbar, was dazu führte, dass er, um seine Gesundheit zu schonen, bei den All Blacks trotz seines immer noch sehr hohen sportlichen Leistungsniveaus immer öfter als Auswechselspieler eingesetzt wurde.

Im Jahre 2003, mit gerade einmal 28 Jahren, musste Lomu sich vom Leistungssport zurückziehen, weil ihm eine Niere transplantiert werden musste. Zwei Monate nach der Operation kündigte er allerdings bereits an, nach der vollständigen Regeneration wieder auf das Spielfeld zurückkehren zu wollen. Sein sportliches Ziel war der Rugby World Cup 2007 in Frankreich mit den All Blacks. Das Ziel konnte der ehrgeizige Lomu allerdings aufgrund seiner Krankheit, aber auch wegen einiger Verletzungen, nicht erreichen und musste den Traum einer erneuten WM-Teilnahme begraben.

So erfolgreich die sportliche Karriere von Jonah Lomu, der dreimal verheiratet war, verlief, so tragisch endete sie. Trotz sportlicher Rückschläge gelang es Lomu noch einmal, 2009 beim französischen Drittligisten Marseille Vitrolles einen Vertrag als Profi zu erhalten. Im Jahr 2011 war er Botschafter für den Rugby World Cup in seinem Heimatland, allerdings wurde im gleichen Jahr auch bekannt, das Lomu wieder größere gesundheitliche Probleme hatte.

Aufgrund einer Abstoßungsreaktion des Körpers gegenüber der gespendeten Niere musste Lomu sich erneut Dialysen unterziehen. Im Jahr 2015 drehte er einen Film in Südafrika über die Weltmeisterschaft von 1995 und nahm im Rahmen der Weltmeisterschaft in England zahlreiche Sponsorenverpflichtungen wahr. Am 17. November kehrte Lomu nach

Neuseeland zurück und starb am frühen Morgen des 18. November 2015 im Alter von nur 40 Jahren in Auckland aufgrund eines Herzstillstands.

Nach seinem Tod gründete die Rugbyspielervereinigung *New Zealand Rugby Players Association* eine Stiftung zur Unterstützung von Lomus Söhnen.

Trotz des Superstarstatus, den der als großzügig, immer hilfsbereit und selbstlose bekannte Lomu während seiner aktiven Karriere hatte, war seine finanzielle Situation offensichtlich nicht so gut, wie angenommen. Verträge als Rugbyprofi und auch Sponsorenverträge hatten aufgrund seiner Krankheit nicht den Wert, den man gemeinhin angenommen hatte.

Jonah Lomu bleibt der Sportwelt nicht nur als ein Ausnahme-Rugbyspieler in Erinnerung, sondern auch als ein großzügiger, hilfsbereiter und oft selbstlos handelnder Mensch, der die Werte des Rugbysports vorbildlich vertrat.

5.5 Jonny Wilkinson

Einer der großen Spieler aus England war Jonny Wilkinson. Der 1979 geborene Wilkinson begann bereits mit vier Jahren mit Rugby und war schon in seiner Zeit als Jugendspieler ein Perfektionist. „Ich blieb oft noch lange nach dem Mannschaftstraining auf dem Platz und übte meine Kicks. Meine Mutter, die mich mit dem Auto abholte, musste oft noch eine Stunde oder mehr warten, bis ich mit meinem Einzeltraining fertig und zufrieden war", beschreibt Wilkinson seine Zeit als Jugendspieler in dem Film *Building Jerusalem*, eine Dokumentation über die englische Nationalmannschaft beim Gewinn des WM-Titels 2003. Dieser Trainingsfleiß brachte den Verbinder und Innendreiviertel, der aus Surrey stammt, auf den Weg eines erfolgreichen Rugbyprofis.

Wie viele seiner Mitschüler, so spielte der junge Wilkinson während seiner Schulzeit auch Kricket und Tennis, konzentrierte sich aber bald ausschließlich auf Rugby. Schon früh machte er sich in England sportlich einen Namen, und wurde zum überragenden Spieler in den Jugendmannschaften des Landes.

Vom südenglischen Surrey zog es den jungen Wilkinson 1997 in das nordenglische Newcastle, wo Wilkinson seine gesamte Karriere in England bei den Newcastle Falcons als Profi spielte, bevor er zum Ende seiner aktiven Zeit nach Frankreich zum RC Toulon wechselte.

Seine Karriere in der englischen Nationalmannschaft begann ebenfalls 1997, als ihn der damalige Trainer Clive Woodward in den Kader berief. Woodward hatte gerade den Job des Nationaltrainers angenommen und war auf der Suche nach einem neuen Spielkonzept und jungen, talentierten Spielern, die dieses Konzept umsetzen konnten. Da fiel ihm der fleißige und sehr ehrgeizige Wilkinson auf.

In den Jahren 2000 und 2001 gewann Wilkinson mit England den Titel bei den Six Nations. Beim 80:23-Sieg gegen Italien beim Turnier 2001 gelangen ihm insgesamt 35 Punkte, was damals Turnierrekord war. Im selben Jahr sicherte sich Wilkinson mit seiner Vereinsmannschaft den ersten nationalen Titel seiner Laufbahn. Die Newcastle Falcons gewannen das Finale des *Powergen Cups* mit 30:27 gegen die Harlequins aus London.

Den Höhepunkt seiner Karriere erreichte Wilkinson allerdings 2003 beim Gewinn des WM-Titels in Australien, als man den Gastgeber im Finale besiegte und als bisher einzige Mannschaft der nördlichen Hemisphäre den Webb-Ellis-Pokal gewann. In den Folgejahren warfen verschiedene Verletzungen Jonny Wilkinson immer wieder zurück. Oft musste er von der Bank zusehen, wenn die Nationalmannschaft spielte – manchmal gar nur von der Tribüne.

Seine Karriere als Rugbyprofi beendete Wilkinson 2014 beim RC Toulon. Heute ist Wilkinson ein viel gefragter Redner und Moderator bei Firmenevents, bei BBC Radio und dem englischen Fernsehen.

★ 6 ★

TRAINER

Große und erfolgreiche Mannschaften werden von erfolgreichen Trainern geformt und geführt. Das ist auch – und vielleicht gerade – im Rugby der Fall. Denn die Spielidee des Rugbys, den Ball nur nach hinten passen zu können, um ihn am Ende im Malfeld des Gegners abzulegen, erfordert ein hundertprozentiges Teamwork. Trainer in diesem Sport müssen es verstehen, aus 15 Spielern ein echtes Team zu formen, das sich auf dem Spielfeld fast blind versteht.

Hinzu kommt bei dieser wohl physisch stärksten Sportart der Welt der körperliche Einsatz. Was macht einen guten Rugbytrainer aus und wer sind die erfolgreichsten Rugbytrainer der Welt? Werfen wir einen Blick auf die innovativsten, charismatischsten und wohl dominantesten Rugbytrainer der vergangenen Jahre und Jahrzehnte.

6.1 Clive Woodward, England

Einer der erfolgreichsten und charismatischsten Trainer des Rugbysports ist Clive Woodward. Kurz nach der Professionalisierung Mitte der 1990er-Jahre übernahm Woodward die englische Nationalmannschaft. Während die Professionalisierung neben dem Platz vor allem im Bereich Marketing stattfand, war Woodward der erste Trainer im englischen Rugby, der den Sport auch auf dem Platz durch verschiedene innovative Veränderungen professionalisierte und neue Standards setzte.

Ambitioniert fuhr Woodward an seinem ersten Arbeitstag am 1. September 1997 nach Twickenham, dem Sitz des englischen Verbandes, und wollte seinen neuen Job als Nationaltrainer antreten. Der Geschäftsführer Don Willford reagierte überrascht: „Wir hatten eigentlich gedacht, dass du von zu Hause arbeiten wirst. Wir haben hier keinen Schreibtisch und schon gar kein Büro für dich!"

Das schreckte Woodward, der vorher als Amateurtrainer unter anderem bei London Irish gearbeitet hatte, nicht ab. Sein erster Schritt im neuen Job war es, sich Anregungen in anderen professionellen Sportarten für seine neue Aufgabe als Nationaltrainer zu holen. Was lag da näher, als in der wohl professionellsten Sportlandschaft der Welt – den USA – nach neuen Ideen für seine Sportart Rugby zu suchen?

Woodward flog nach Amerika und besuchte dort Basketballklubs und Footballklubs. Er sprach mit Managern und Trainern und besuchte Spiele und Trainingszentren. Hoch motiviert und mit neuen Ideen kam er zurück nach England und verkündete schon bald das neue Ziel: Das englische Team zur Nummer eins in der Welt zu machen und den Rugby World Cup zu gewinnen!

„Neuseeland war damals die beste Mannschaft der Welt und das mit einer Bevölkerung von vier Millionen Menschen", so Woodward später. „Ich dachte mir, was können wir in England erreichen, wenn wir nur das richtige sportliche System haben?" Er übernahm die Mannschaft als sechste in der Weltrangliste und er machte den Spielern sehr schnell klar, dass es für ihn nur ein Ziel gab: die Nummer eins in der Welt. Er holte sich Mitarbeiter in sein Team wie Yehuda Shinar, einen Personalberater aus Israel, um die Mannschaft zu formen und auf dem World Cup 2003 vorzubereiten. Er integrierte Elemente wie das Augentraining, das er sich von den Marines abgeschaut hatte und führte die regelmäßige Ernährungsberatung durch Ernährungsberater ein.

Der Erfolg ließ nicht lange auf sich warten. In den Jahren 2000, 2001 und 2003 gewann England die Six Nations und im Rugby World Cup des Jahres 2003 war Clive Woodward mit seiner Mannschaft am Ziel: In einem packenden Finale schlugen die Engländer Australien beim Rugby World Cup im eigenen Land und gewannen als bisher einzige Mannschaft der Nordhalbkugel den Rugby World Cup!

Wie in England üblich, werden Sportpersönlichkeiten nach solch außergewöhnlichen Erfolgen in den Adelsstand erhoben. So auch Woodward, der von nun an Sir Clive Woodward hieß. Nach sechs Jahren als Nationaltrainer verließ Woodward 2005 die RFU nach Unstimmigkeiten mit dem Vorstand und war mit der englischen Leichtathletiklegende Sebastian Coe maßgeblich an der Organisation der Olympischen Spiele 2012 in London beteiligt.

6.2 Graham Henry, All Blacks

Ein Name, der im Zusammenhang mit den erfolgreichen All Blacks genannt wird, ist der Name von Graham Henry. Einige Jahre war der Sport- und Erdkundelehrer neben seinem Beruf als Schulleiter für verschiedene Rugbyklubs in Neuseeland als Trainer tätig, ehe er sich 1996 traute, als Profitrainer mit Rugby sein Geld zu verdienen.

Mit den Auckland Blues gewann er 1996 und 1997 die Super 14 Liga in Neuseeland und wurde 1998 Vizemeister. Im gleichen Jahr war Henry im Gespräch, die All Blacks zu übernehmen, scheiterte aber im Auswahlverfahren. Ein wenig frustriert und wütend kehrte er Neuseeland den Rücken, folgte einem Angebot des walisischen Verbandes nach Cardiff und war zu der Zeit mit einem geschätzten Jahresgehalt von 300.000 Euro der am besten bezahlte Rugbynationaltrainer der Welt.

Mit Wales gewann er seine ersten 11 Spiele und war so bei seinem ersten Engagement als Nationaltrainer sehr erfolgreich. 2001 übernahm er die English & Irish Lions, eine Auswahlmannschaft aus beiden Verbänden. Erst im Jahr 2003 kehrte Henry nach Neuseeland zurück und übernahm nun die All Blacks. Bis 2007 gewannen die All Blacks unter Henry 19 ihrer 20 Spiele. Die Erwartungen der Fans beim Rugby World Cup 2007 waren also hoch, zumal die Neuseeländer 2003 bereits im Halbfinale ausschieden.

Für Henry sollte es beim Rugby World Cup in Frankreich allerdings noch schlimmer kommen. Bereits im Viertelfinale scheiterte man am Gastgeber Frankreich – das schlechteste Ergebnis einer neuseeländischen Nationalmannschaft bei einer Rugbyweltmeisterschaft! Obwohl sich die kritischen Stimmen mehrten, die eine Ablösung von Henry forderten, erhielt er das Vertrauen des Verbandes. Das Vertrauen rechtfertigte Henry, indem er die All Blacks in den Folgejahren als die erfolgreichste Rugbymannschaft der Welt aufbaute, die bei der Heim-WM 2011 dann unter seiner Führung den Rugby World Cup gewann. Nach der Weltmeisterschaft trat Henry zurück und einer seiner Assistenztrainer übernahm seinen Posten: Steve Hansen.

6.3 Steve Hansen, All Blacks

Wir bleiben also bei der erfolgreichsten Rugbynation der Welt, denn auch der nächste Trainer der All Blacks, Steve Hansen, ist nicht nur einer der erfolgreichsten seiner Zunft, sondern auch einer der innovativsten Trainer.

Konnte sein Vorgänger Graham Henry die All Blacks in die Weltspitze führen, schaffte es Hansen, die All Black in den vergangenen 17 Jahren an der Spitze der Weltrangliste zu halten und gewann darüber hinaus 2015 den Weltmeistertitel als verantwortlicher Cheftrainer.

Seine Trainerkarriere startete der heute 60-Jährige als Vereinstrainer in Canterbury in Neuseeland und als Assistenztrainer mit dem Super Rugby Club Crusaders von 1996-2001. Schon als Vereinstrainer gewann Hansen zwei nationale Titel und zwei Super-Rugby-Titel mit seinen Klubs. Von 2002 bis 2004 folgte sein erstes Engagement als Nationaltrainer – in Wales.

Dass man auch als erfolgreicher Trainer manchmal einen Schritt zurückgehen muss, um dann erfolgreich zu sein, zeigte Hansen mit der Entscheidung, von 2004 bis 2011 als Assistenztrainer bei den All Blacks zu arbeiten. Mit Erfolg, denn 2011 gewannen die All Blacks bekanntermaßen den Rugby World Cup im eigenen Land.

Dass er vieles gelernt hatte, bewies Henry seitdem, denn seit 2012 ist er Cheftrainer der erfolgreichsten Rugbymannschaft der Welt, gewann fünfmal die Rugby Championship, wurde viermal World Rugby Coach des Jahres und konnte mit seiner Mannschaft 2015 erneut den Titel beim Rugby World Cup in England gewinnen. Als erster Trainer überhaupt hat Henry nun 2019 die Möglichkeit, in Japan den Hattrick zu gewinnen – drei WM-Titel in Folge. Dreimal wäre er als Trainer bzw. Assistenztrainer im Team dabei gewesen.

6.4 Eddie Jones

Eddie Jones ist sicherlich einer der modernen Trainer, der sich seinen Erfolg über eine hohe Arbeitsethik, akribische Planung und den Blick für Details erarbeitet hat.

Der Sohn einer japanisch-amerikanischen Mutter und eines australischen Vaters wurde in Tasmanien geboren und ist mit Hiroko Jones, einer Japanerin, verheiratet. Er startete seine berufliche Laufbahn, wie viele Rugbytrainer, als Lehrer und Schulleiter. Mit 34 Jahren begann er 1994 seine zweite Karriere als professioneller Rugbytrainer. Von 1998 bis 2001 coachte er zunächst das australische Team ACT Brumbies, das er 2001 zum Meistertitel führte.

Im gleichen Jahr übernahm er als Nationaltrainer die Australian Wallabies und erreichte 2003 das Finale des Rugby World Cups. Nach dem Erfolg mit Australien folgte die Zeit als Assistenztrainer in Südafrika. Nicht weniger erfolgreich, denn mit den Springboks gewann er den Rugby World Cup 2007 und lernte eine Menge vom damaligen Cheftrainer Peter de Villiers.

Sein Markenzeichen als Trainer ist, dass er es versteht, die Spielweise seines Teams den Stärken seiner Spieler anzupassen, die ihm in der Nationalmannschaft zur Verfügung stehen.

Nach der Erfahrung in Südafrika setzte Jones seine Karriere in Japan fort und betreute dort von 2012 bis 2015 die japanische Nationalmannschaft. Dass er eine erfolgreiche Aufbauarbeit im Land der aufgehenden Sonne geleistet hat, zeigte der erste Sieg einer japanischen Nationalmannschaft beim Rugby World Cup 2015 über Südafrika. Von 22 Spielen, die die Japaner bei der seit 1987 ausgetragenen WM bestritten, hatten sie nur eines gewonnen, 1991 gegen Simbabwe. Nun aber schlug die Auswahl von Jones 14 Jahre später als krasser Außenseiter Südafrika mit einer Energieleistung durch den letzten Versuch von Karne Hesketh in der vierten Minute der Nachspielzeit mit 34:32.

Nach dem Rugby World Cup in England übernahm Jones das Team Englands, das er aktuell auf den Rugby World Cup in Japan 2019 vorbereitet.

Ein Beispiel, wie Wirtschaftsunternehmen von erfolgreichen Sportlern oder Trainern profitieren wollen, zeigt Jones' Berufung in ein Beratungsgremium der Investmentbank Goldmann Sachs 2015. Das Gremium, das aus Personen der Privatwirtschaft sowie Politik besteht, berät die Investmentbank in geschäftlichen Angelegenheiten, vor allem in Bezug auf öffentliches Recht und Good Governance. Masanori Mochida, der Präsident von Goldman Sachs Japan, freute sich denn auch über die Zusammenarbeit mit Jones. „Goldman Sachs wird in jedem Fall von den Fähigkeiten dieses erfolgreichen Trainers profitieren, wenn es darum geht, wie man multikulturelle Teams führt."

★ 7 ★

MANAGER UND MACHER

7.1 David Lord

Die steile Entwicklung, die Rugby Union in den vergangenen drei Jahrzehnten auf und neben dem Platz hingelegt hat, hat viele Väter. Sicherlich ist da der Australier David Lord zu nennen, der 1983 einer der Auslöser für eine Professionalisierung der Sportart war.

„Die Spieler trainieren jeden Dienstag und Donnerstag und stehen am Samstag auf dem Platz. Dazu müssen sie auch noch arbeiten, um ihren Lebensunterhalt zu verdienen", so Lord in einem Interview mit dem australischen Magazin *Roar*. „Ich habe 208 Spieler unter Vertrag genommen, um eine professionelle Liga zu gründen und so den Sport weiter zu entwickeln. Die Spieler sollten auch von den Einnahmen rund um den Ligabetrieb profitieren und mit professionellen Spielern wäre der Spielbetrieb einer Liga auch besser planbar."

Am Ende hat es mit seinem Plan zu diesem Zeitpunkt noch nicht funktioniert, aber die Diskussion bei Fernsehanstalten in Australien wurde angeregt, sich dem Rugbysport zuzuwenden. Auch beim Weltverband (damals noch IRB, heute World Rugby) in Dublin hörte man von Lords Plänen. Am Ende setze sich der professionelle Sport Mitte der 1990er-Jahre – zunächst bei den nationalen Verbänden – durch und der Beruf des Sportmanagers zog auch beim Rugby ein.

7.2 Brett Gosper

Mehr Umsatz, mehr mediales Interesse, größere und erfolgreiche Veranstaltungen und immer mehr Menschen, die Rugby spielen oder den Sport in Medien und Stadien verfolgen. Der aktuell sicherlich bekannteste Sportmanager im Rugby ist Brett Gosper, der CEO des Weltverbandes World Rugby mit Sitz in Dublin.

Der Australier, Jahrgang 1959, wohnhaft in London, ist ein Macher mit besten Verbindungen. Sein Vater war bereits Mitglied im Exekutivkomitee des Internationalen Olympischen Komitees und auch sein Bruder ist Sportfunktionär: beim internationalen Skiverband FIS. Der Vater von drei Kindern kennt also das Geschäft, Verbindungen zu knüpfen, Kontakte zu machen, Geschäfte einzufädeln und eine Sportart zu lenken und zu entwickeln. In den vergangenen Jahren war sicherlich kaum jemand so sehr an der positiven Entwicklung des Rugbysports weltweit beteiligt wie Brett Gosper.

Gosper selbst blickt auf eine Karriere als Spieler beim Melbourne Rugby Union Football Club als Amateur zurück. Mit 22 Jahren verließ er seine Geburtsstadt Melbourne und zog aus beruflichen Gründen nach Paris, wo er ebenfalls weiter Rugby bei Racing Club de France spielte, aber vor allem seine berufliche Karriere als Account Manager bei der Werbeagentur Ogilvy & Mather vorantrieb.

Nach einer über 30-jährigen erfolgreichen Karriere in der Werbebranche, u. a. als Chef einiger international renommierter Agenturen sowie beruflichen Stationen in New York und Frankfurt, trat Gosper im Sommer 2012 seinen Posten als CEO bei World Rugby an, und begleitete damit die erfolgreiche Wiederaufnahme des Rugbysports in die olympische Familie 2016 bei den Olympischen Spielen in Rio de Janeiro.

Zunächst initiierte der Marketingexperte im November 2014 den Namenswechsel des Weltverbandes vom *International Rugby Board* (IRB) zu *World Rugby* (WR). Durch die Namensänderung und das Rebranding versprach sich der Sportmanager eine größere weltweite Verbreitung der Sportart. Mit Erfolg, denn, mit dem Rebranding einhergehend, steigerte World Rugby vor allem seine mediale Präsenz auch in den sozialen Netzwerken und war 2018 laut Umfrage vom Internationalen Olympischen Komitee (IOC) der aktivste olympische Sportverband im Bereich Social Media von 35 Mitgliedsverbänden bzw. Sportarten.

Mit seinen 85 Angestellten und Mitarbeitern lenkt Gosper die Geschäfte von World Rugby aus Dublin, ist allerdings auch dafür bekannt, kaum eine Veranstaltung auf der Welt auszulassen, um Rugby weiter zu promoten und Kontakte oder Partnerschaften zu knüpfen. Olympische Spiele in Brasilien, ein Länderspiel in Indien oder die Juniorenweltmeisterschaften. Auf Twitter® lässt er 14.000 Follower an seinem Arbeitsleben teilhaben und twittert täglich Neuigkeiten oder Kommentare zu sportlichen, medialen oder wirtschaftlichen Ergebnissen.

Strategisch will der Australier vor allem zwei neue Märkte erschließen: Nordamerika und China. Aber auch in Europa, da ist er sich sicher, lassen sich Märkte wie Deutschland oder Spanien aufbauen.

In den letzten Jahren konnten sich die wirtschaftlichen Ergebnisse des Weltverbandes unter seiner Führung deutlich verbessern. Die Einnahmen von World Rugby setzen sich vor allem aus der Vermarktung von TV-Übertragungsrechten, Werbe- und Sponsorenrechten sowie Merchandising zusammen. Zum Ende des Jahres 2015, in dem der bisher letzte Rugby World Cup stattfand, verfügte World Rugby über Kapitalrücklagen in Höhe von 220 Millionen Euro.

★ 8 ★

INTERNATIONALE RUGBYEVENTS

Wenn man über die Topnationen im Rugby schreibt, muss man zunächst wissen, dass es im Rugby – wie vielleicht in keiner anderen Sportart – immer um den sportlichen Wettkampf zwischen der nördlichen Halbkugel und der südlichen Halbkugel geht. England, Frankreich, Wales, Irland und Schottland als die dominierenden Länder der Nordhalbkugel gegen die Mannschaften aus Australien, Neuseeland, Südafrika und Argentinien.

8.1 RUGBY WORLD CUP

8.1.1 Geschichte

Der *Rugby World Cup* ist das absolute Topevent in diesem Sport. 2019 findet die neunte Auflage des Weltturniers in Japan statt. Die besten 20 Mannschaften messen sich dann in insgesamt 12 Stadien. In 48 Spielen wird ein Sieger ermittelt, der sich dann Weltmeister nennen und den bekannten Webb-Ellis-Cup in die Höhe halten kann. Der Rugby World Cup stellt heute die finanzielle Basis für Investitionen des Weltverbandes

World Rugby der folgenden vier Jahre dar. Ungefähr 90 % der in diesen Zeitraum getätigten Investitionen werden durch die Einnahmen des Rugby World Cups gedeckt. So ermöglichte es der wirtschaftliche Erfolg des Rugby World Cups 2015 in England dem Weltverband, insgesamt 279 Millionen Euro in den Rugbysport zu reinvestieren. Ein Anstieg von 22 % im Vergleich zum RWC 2011 in Neuseeland.

Der Rugby World Cup ist heute nach den Olympischen Spielen und den Fußballweltmeisterschaften das größte Sportereignis der Welt.

Das war aber nicht immer so und die Geschichte der Weltmeisterschaft im 15er-Rugby ist noch nicht so alt, wie man glaubt.

Sie beginnt Mitte der 1980er-Jahre, zu Zeiten, als der Sport noch unter strengen Amateurstatuten stand. In vielerlei Hinsicht ist es überraschend, dass es bis 1985 dauerte, bis eine Rugby-Union-Weltmeisterschaft grünes Licht von einem Weltverband bekam, der bis dahin sehr konservativ und fast schon anachronistisch handelte.

Im Laufe der Geschichte des Sports war oft die Rede davon streichen, ein Turnier zu gründen, um das beste Team der Welt zu bestimmen, denn bis dahin diskutierten die Fans in den englischen Pubs lediglich darüber, wer das beste Team der Welt ist. Einen globalen Wettbewerb gab es noch nicht.

Zu Beginn der 1980er-Jahre sah es so aus, als würden Versuche, eine Weltmeisterschaft in's Leben zu rufen, endgültig abgeschmettert. Im April 1980 lehnte der IRB die Forderung nach einer Weltmeisterschaft ab, da ein solches Turnier massive Auswirkungen auf die zukünftigen Freundschaftsspiele zwischen den Nationen hätte. Der Vorstand äußerte sich besorgt über den Druck, der bereits auf den Topspielern lastete, die ja immerhin Amateurspieler waren. Insbesondere Iren und Engländer wehrten sich gegen die Idee, ein globales Turnier ins Leben zu rufen.

Im Jahr 1982 tauchte dann ein gewisser Neil Durden-Smith mit seinem Geschäftspartner Gideon Lloyd und seiner Agentur *Sports Sponsorship*

International Ltd. in London auf und schlug ein Turnier vor, das in England, Schottland, Wales und Irland stattfinden würde und an dem acht weitere Länder teilnehmen sollten. Das Turnier wurde im September 1985 zu einem großen Erfolg und Durden-Smith hatte wohl zumindest einen Teil der konservativen Kräfte im IRB für seine Pläne eines RWC gewinnen können.

Im April 1983 trat David Lord, ein australischer Sportpromoter und Kommentator, mit der Idee in die Öffentlichkeit, 200 der besten Spieler des Sports auszuwählen und sieben Weltturniere in drei Jahren zu veranstalten. Kostenpunkt: £ 20 Millionen. Höhepunkt sollte 1988 ein internationales Turnier in Australien, anlässlich des 200. Geburtstags des Landes, sein. Ein Aufschrei des Entsetzens ging durch die nationalen Verbände in Europa und schon wurde mit Sanktionen und Sperren für Spieler gedroht, die an diesen Turnieren teilnehmen wollten.

In der Zwischenzeit begannen viele, die Vorzüge einer Weltmeisterschaft zu erkennen Der *Times*-Journalist David Hands und der ehemalige walisische Spieler Gerald Davies schrieben in der *Times* eine Artikelserie mit dem Titel „Rugby an einem Scheideweg", die auf die Vorteile des Turniers hinwiesen: Die Spieler hätten einen sportlichen Höhepunkt in ihrer Karriere, ein endgültiger Weltmeister könnte gefunden werden, ein starkes Interesse an der Sportart Rugby weltweit erzeugt werden, Einnahmen würden generiert, die zurück in das Spiel fließen könnten, und Länder wie Argentinien, Rumänien, Italien und Russland könnten endlich eine Chance bekommen, sich gegen die größeren Länder durchzusetzen und so den Sport in ihren Ländern zu entwickeln.

Alles gute und richtige Argumente. Allein für die konservativen und starrköpfigen Vorstandsmitglieder des IRB und einzelner Verbände jedoch keine zwingenden Gründe, um eine Weltmeisterschaft zu veranstalten.

Eine Machbarkeitsstudie, von Australien und Neuseeland zusammengestellt, wurde auf dem Treffen im März 1985 in Paris diskutiert. Ob dies bei den anderen Treffen der Fall war, ist unbekannt, aber es gab zumindest Hoffnung.

Und so passierte es, dass der IRB am 21. März 1985 beschloss, 1987 in Neuseeland und Australien die erste Rugbyweltmeisterschaft ins Leben zu rufen. Natürlich waren Australien und Neuseeland voll und ganz für die Weltmeisterschaft, genauso wie Frankreich. Aber am Ende waren die Südafrikaner der Schlüssel zum Erfolg bei der Abstimmung. Trotz der sehr realen Perspektive, die erste Weltmeisterschaft aus politischen Gründen zu verpassen, sah der südafrikanische Rugbypräsident Danie Craven die langfristigen Vorteile und konnte von anderen Nationen die Zusicherung erhalten, dass sein Land ein zukünftiges Turnier veranstalten könnte, sobald die Apartheid beendet war.

Es gab immer noch Widerstand gegen das Turnier in der Rugbywelt. Vor allem Schottland und Irland waren nicht glücklich. Letzteres war besorgt, dass das Turnier die Tür zur Halbprofessionalität öffnen würde. Sie waren nicht allein mit dieser Ansicht. Der kürzlich pensionierte Gareth Davies war ebenfalls skeptisch. „Wer drängt auf eine Weltmeisterschaft? Wurden die Spieler nach einer Weltmeisterschaft gefragt, wollen sie zwei oder drei internationale Spiele pro Woche spielen, für die sie nicht mental oder physisch vorbereitet sind? Wollen sie wirklich wissen, wer die beste Nation der Welt ist? Ich bezweifle das. Ich glaube, die Spieler sollen einfach nur die Kassen von Veranstaltern und Vermarktern füllen".

Hardliner Davies ließ sich weiter über die Rolle der südlichen Hemisphäre aus und beklagte, dass dies „der Beginn eines professionellen Zirkus" sein könnte. In dieser Hinsicht wurde die Ernennung von Sir Desmond Sullivan zum Exekutivdirektor des Turniers als eine Meisterleistung angesehen, ein Schritt, der die irischen und schottischen Boards besänftigen würde.

Ein weiterer wichtiger Teil des Puzzles war, dass der Marketingvertrag für das Turnier an die *West Nally Group* vergeben wurde, die 1983 die ersten Leichtathletik-Weltmeisterschaften im finnischen Helsinki mit organisiert hatte.

Am 21. März 1985 beschloss das International Rugby Board die Ausrichtung einer Rugbyweltmeisterschaft und am 22. Mai 1987 fand das allererste Spiel eines Rugby World Cups statt. Der Sport und die Veranstaltung haben sich seitdem immer weiter entwickelt. Fans des Amateurzeitalters mögen die Entscheidung ablehnen, aber als Maßnahme, das Profil des Rugbysports global zu stärken, hat sich die Einführung des Turniers als großer Erfolg erwiesen.

Die Veranstaltung im Jahr 1987 wurde von über 600.000 Menschen in den Stadien und schätzungsweise 300 Millionen Menschen weltweit am Fernseher verfolgt und spielte laut der Agentur *West Nally* dem International Rugby Board (IRB) 1,6 Millionen US-$ ein.

Es war alles in allem die richtige Entscheidung – nicht nur für 1987, als ein tolles Siegerteam aus Neuseeland gewann –, sondern auch für die Turniere danach.

Wer sich also heute hinsetzt, um den Rugby World Cup 2019 in Japan zu genießen, sollte zurückdenken an die Gruppe von Visionären, die das Konzept des Turniers vor über 30 Jahren ins Leben gerufen haben.

Australien/Neuseeland 1987

England 1991

Südafrika 1995

Der Rugby World Cup 1995 in Südafrika markierte nicht nur einen politischen Erfolg und war symbolträchtig für das Ende der Apartheid in Südafrika und die Versöhnung zwischen Schwarzen und Weißen. Er markierte auch einen Aufbruch in ein neues Zeitalter in der Profisportart Rugby. Wirtschaftlich brachte die Veranstaltung dem Land am Kap von Afrika einen wirtschaftlichen Nebeneffekt von ca. 80 Millionen Euro.

Wales 1999

Australien 2003

Frankreich 2007

Neuseeland 2011

In Erinnerung bleibt die Naturkatastrophe des Erdbebens in Christchurch, bei dem viele Neuseeländer ihr Leben verloren haben. In den ersten Wochen war ungewiss, ob der Rugby World Cup in Neuseeland stattfinden kann, da einige Sportstätten beschädigt waren und vor allem auch die Infrastruktur in Mitleidenschaft gezogen wurde. Aber sowohl durch die Mannschaft als auch durch die neuseeländische Bevölkerung ging ein Ruck und man konnte sich gegen alle schwerwiegenden Umstände bei der Heim-WM für das Finale qualifizieren und seine außergewöhnliche körperliche, spielerische und mentale Stärke unter Beweis stellen und zum zweiten Mal den Titel gewinnen.

England 2015

Nach dem schwachen Abschneiden beim vorhergehenden Turnier in Neuseeland lastete ein enormer Druck auf der englischen Mannschaft und ihrem Trainer Eddie Jones. Jones war immerhin angetreten, um im eigenen Land den zweiten Titel nach 2003 zu gewinnen. Von diesen hochgesteckten Zielen musste sich Jones' Team allerdings bereits nach der Vorrunde verabschieden. Das Resultat: das schlechteste Abschneiden einer englischen Nationalmannschaft bei einem Rugby World Cup. Den sportlichen Misserfolg konnte allerdings ein sehr gut organisiertes Turnier, mit einem bis dahin nie gesehenen wirtschaftlichen und medialen Erfolg, etwas abmildern.

Die Spiele der Rugby-WM 2015 wurden laut World Rugby in 205 Länder übertragen und brachten es auf eine kumulierte Reichweite von über vier Milliarden TV-Zuschauern. Die Agentur *Nielsen Sport* ermittelte für das Turnier eine Reichweite von insgesamt 500 Millionen Zuschauern. Großbritannien (kumuliert) liegt mit 294 Millionen Zuschauern dabei an der Spitze, vor Frankreich mit 162 Millionen. Die höchste Reichweite für ein Einzelspiel wurde dabei in Japan gemessen. 25 Millionen Menschen sahen dort den Sieg der „Brave Blossoms" gegen Samoa. In Frankreich sahen 13,1 Millionen Zuschauer das eigene Team beim Spiel gegen Irland live bei *TF1*. In England lag die Einschaltquote bei eigenen Spielen sogar bei fast 50 %. Das Bruderduell England gegen Wales lockte ganze 11 Millionen Zuschauer vor den Bildschirm.

Mit 2,4 Millionen verkauften Tickets und einem Umsatz von mehr als 600 Millionen Euro sowie einem Gewinn von geschätzt 160 Millionen Euro war der Rugby World Cup in England die bisher medial und wirtschaftlich erfolgreichste Weltmeisterschaft.

In Deutschland konnte man 31 der 45 Spiele des Rugby World Cups bei *Eurosport* verfolgen. Insgesamt 9,58 Millionen Zuschauer sahen das Turnier. Die durchschnittliche Zuschauerzahl lag bei 177.000 Zuschauern, die live dabei waren. Das Finale Neuseeland gegen Australien verfolgten bei *Eurosport* dann in der Spitze immerhin 518.000 Zuschauer. Besonders die jungen Zuschauer waren laut *Discovery Networks GSA* mit einem hohen Anteil vertreten.

Auch bei den Frauen gibt es einen Rugby World Cup und genau wie bei den Männern wird er alle vier Jahre ausgetragen. Das nächste Turnier ist für 2021 geplant, ein Austragungsort war bis zur Veröffentlichung dieses Buches noch nicht entschieden. Erfolgreichstes Team bei den Frauen ist ebenfalls Neuseeland. Die Damen aus Neuseeland schlugen die Damen aus England beim Turnier in Irland 41:32. Damit ist auch bei den Frauen Neuseeland die erfolgreichste Nation mit fünf Titeln vor England mit zwei Titeln und den USA mit einem Titel.

8.1.2 Spielmodus

Startete man den ersten Rugby World Cup 1987 noch mit 16 Mannschaften, von denen sieben gesetzt waren, wird das Turnier heute mit 20 Mannschaften ausgespielt. Die acht Viertelfinalisten des vorherigen Turniers sind automatisch qualifiziert. Die übrigen 12 Plätze werden nach Kontinenten ausgespielt.

Drei Mannschaften kommen hierbei aus Afrika, drei aus Amerika, eine aus Asien, drei aus Europa und zwei aus Ozeanien. Der verbleibende Qualifikationsplatz wird zwischen den Mannschaften, die die Qualifikation verpasst haben, in einem Repechage-Turnier ausgespielt. So spielten 2018 beispielsweise Deutschland, Kanada, Kenia und Hongkong in Marseille um die Teilnahme beim RWC 2019 in Japan, bei dem Deutschland den undankbaren zweiten Platz hinter den siegreichen Kanadiern belegte.

In der anfänglichen Gruppenphase gibt es vier Gruppen mit je fünf Mannschaften. Die vier Halbfinalisten des vorherigen Wettbewerbs werden dabei auf die vier Gruppen verteilt, die übrigen vier Viertelfinalisten ebenso. Die Mannschaften, die über die Qualifikation zur Teilnahme gekommen sind, füllen die übrigen Plätze auf.

In der Gruppenphase spielt jede Mannschaft einmal gegen jeden ihrer Gruppengegner, wobei vier Punkte für einen Sieg und zwei Punkte für ein Unentschieden verliehen werden. Bonuspunkte können erzielt werden, wenn eine Mannschaft während eines Spiels vier oder mehr Versuche erzielt oder mit sieben oder weniger Punkten Unterschied verliert. Die beiden besten Mannschaften jeder Gruppe kommen ins Viertelfinale, wobei jeweils der Gewinner der einen Gruppe gegen den Zweiten einer anderen Gruppe spielt. Die Viertelfinalsieger spielen unter sich die Halbfinals aus, in denen die Finalgegner bestimmt werden. Die Halbfinalverlierer spielen um den dritten Platz.

8.1.3 Bisherige Sieger

Die Dominanz der All Blacks aus Neuseeland zeigen die Ergebnisse bei den vergangenen Rugby World Cups.

Neuseeland und Australien waren bisher jeweils viermal im Finale der acht Endspiele, Frankreich und England jeweils dreimal, wobei Frankreich noch nie ein Finale gewinnen konnte. Die Springboks aus Südafrika hingegen kamen erst zweimal ins Finale, konnten aber beide Male das Endspiel für sich entschieden.

Die Endspiele seit 1987	
1987: Neuseeland und Australien	Neuseeland gegen Frankreich, 29:9
1991: England	Australien gegen England, 12:6
1995: Südafrika	Südafrika gegen Neuseeland, 15:12
1999: Wales	Australien gegen Frankreich, 35:12
2003: Australien	England gegen Australien, 20:17
2007: Frankreich	Südafrika gegen England, 15:6
2011: Neuseeland	Neuseeland gegen Frankreich, 8:7
2015: England	Neuseeland gegen Australien, 34:17

8.2 SIX-NATIONS-TURNIER

Das bekannteste und älteste internationale Nationenturnier in Europa ist das *Six-Nations-Turnier*.

8.2.1 Geschichte

Das erste Turnier wurde bereits 1883 ausgetragen – damals noch mit vier Mannschaften der Home Nations – also England, Schottland, Wales und Irland. Damit ist das Turnier älter als beispielsweise der Rugby World Cup. 1910 wird aus den Four Nations dann das Five-Nations-Turnier, als Frankreich mit aufgenommen wurde und zu seinem heutigen Namen kam das Turnier, nachdem Italien seit 2000 auch mit von der Partie ist. Dies soll aber nach dem Willen der Organisatoren noch nicht die letzte Mannschaft sein, die in den Kreis der Topteams aufgenommen wird. Seit Jahren ist im Gespräch, Georgien als eine der europäischen Topnationen mit in das Turnier, das gemeinhin als inoffizielle Europameisterschaft im 15er-Rugby der Herren angesehen wird, aufzunehmen.

Die Bekanntheit und das Interesse an diesem Turnier stieg in den letzten Jahren kontinuierlich an. Das blieb auch dem *Private Equity Fond CVC Ca-*

pital aus Luxemburg nicht verborgen. CVC Capital machte der Rugby Six Nations Ltd. mit Sitz in London im März 2019 ein Angebot von umgerechnet 570 Millionen Euro für 30 % der Anteile am Vermarktungsbereich des Turniers. Ein Investment im Sport ist für die Luxemburger nichts Neues. In den vergangenen Jahren machte man erfolgreiche Beteiligungen in der Formel 1, Moto-GP, Merlin Entertainments, Virgin Active, Sky Bet und Stage Entertainment und konnte die Unternehmenswerte deutlich steigern. Ob und zu welchen Konditionen der Deal zustande kommt, ist nicht bekannt, aber das Angebot zeigt, dass das Format Six-Nations-Turnier und die Sportart Rugby für internationale Investoren sehr interessant sind.

Gespielt wird beim Six-Nations-Turnier nicht nur um die Ehre, sondern auch um ca. 115 Millionen Euro Preisgeld – aufgeteilt in Antrittsgelder und in ergebnisbezogene Prämien. 75 % der Preisgelder wird gleichmäßig unter den Nationen aufgeteilt. Die nächsten 10 % richten sich nach der Größe der einzelnen Verbände. England erhält also noch einmal 4,6 Millionen, Frankreich vier Millionen Euro und die restlichen Nationen je ca. 700.000 Euro. Die verbleibenden 15 % sind dann reine Preisgelder, abhängig von der finalen Platzierung.

8.2.2 Spielmodus

Der Turniersieger wird in fünf Runden nach dem Prinzip jeder gegen jeden ermittelt, wobei das Heimrecht für jede Paarung jährlich wechselt. Im Gegensatz zu den meisten anderen Rugby-Union-Wettbewerben wurde das sonst übliche Bonuspunktesystem bis zur Saison 2017 nicht angewendet, da die theoretische Möglichkeit besteht, dass das Ergebnis verändert wird. So wäre beispielsweise 2002 England Turniersieger nach Punkten geworden, obwohl Frankreich sämtliche Spiele gewann. Seit der Saison 2017 gilt jetzt das Bonuspunktesystem analog zu den meisten Rugbywettbewerben. Es gibt null Punkte für den Verlierer, zwei Punkte für ein Unentschieden, vier Punkte für den Sieger, einen Bonuspunkt für vier oder mehr gelegte Versuche und einen Bonuspunkt für eine Niederlage mit gleich oder weniger als sieben Punkten Differenz.

Wenn das Six-Nations-Turnier jedes Jahr im Februar auf dem Sportkalender steht, sind Spiele in den Teilnehmerländern absolute sportliche Höhepunkte und die Menschen strömen entweder in die Pubs vor den Fernseher oder am besten gleich ins Stadion. Gespielt wird in Stadien mit bis zu 82.000 Zuschauern (Twickenham), wobei die Zuschauerzahlen in den vergangenen Jahren konstant zunahmen, die Stadien nicht selten ausverkauft sind.

Tab. 1: Namen, Orte und Kapazitäten der Rugbyspielstätten

	Stadion	**Ort**	**Kapazität**
England	Twickenham Stadium	London	82.000
Frankreich	Stade de France	Saint-Denis	80.000
Irland	Aviva Stadium	Dublin	51.700
Italien	Stadio Olimpico	Rom	72.700
Schottland	Murrayfield Stadium	Edinburgh	67.800
Wales	Millennium Stadium	Cardiff	74.500

8.2.3 Bisherige Sieger

Erfolgreichste Nation bei den Six Nations sind die Engländer, die das Turnier in der jetzigen Form seit 2000 bereits sechsmal gewinnen konnten, gefolgt von Frankreich (5) Wales (5) und Irland (4).

Seit 1996 spielen auch die Frauen ihren inoffiziellen Europameister aus – beim *Woman Six Nations*. Das Turnier startete zunächst – wie auch bei den Herren – mit einem Viererturnier der Home Nations England, Schottland, Wales und Irland, bevor es 1999 zum Five Nations und ab 2002 zum Six-Nations-Turnier wurde. Frankreich seit 1999, Spanien zwischen 2000 und 2006 und dann Italien ab 2006 komplettieren nun das Feld der Woman Six Nations. Dominiert wird der Wettbewerb von den englischen Damen, gefolgt von den Französinnen und den irischen Damen.

8.3 THE RUGBY CHAMPIONSHIP

8.3.1 Geschichte

Wie wir nun wissen, geht es im Rugby in Bezug auf die Nationalmannschaften um den Wettbewerb „nördliche Halbkugel gegen südliche Halbkugel." Was also den Nationen aus Europa bis heute das Six-Nations-Turnier ist, das ist die Rugbymeisterschaft *(The Rugby Championship)* für die Länder der südlichen Hemisphäre. Das Turnier ist ohne Zweifel einer der wichtigsten internationalen Rugby-Union-Wettbewerbe der Welt und bietet einen Vergleich zwischen den führenden Rugbynationen der südlichen Erdhalbkugel: Neuseeland, Australien, Südafrika und Argentinien.

Der Wettbewerb wurde von der SANZAAR gegründet und wird auch von ihr gemanagt. SANZAAR ist ein Joint Venture zwischen den vier teilnehmenden nationalen Verbänden und hat seinen Hauptsitz in Sydney, Australien.

Von 1996 bis 2012 wurde das Turnier zunächst als „Trinations", als ein Dreierturnier zwischen den All Blacks aus Neuseeland, den Springboks aus Südafrika und den Wallabies aus Australien, ausgetragen. Erster Sieger dieses Turniers waren die All Blacks im Jahre 1996. Als einzige südamerikanische und aufstrebende Rugbynation wurde Argentinien 2012 in die Rugbymeisterschaft aufgenommen.

8.3.2 Spielmodus

Im Jahreskalender wird die Rugby Championship, die jährlich ausgetragen wird, jeweils in den Monaten August bis Oktober ausgespielt. Die neue, erweiterte Rugby Championship umfasst ein Round-Robin-Format, in dem alle Teams jeweils zweimal gegeneinander spielen – zuhause und auswärts.

8.3.3 Bisherige Sieger

Die absolut dominierende Mannschaft der Rugby Championship sind die All Black, die nicht nur das erste Turnier gewannen, sondern auch alle sechs Spiele des ersten Turniers. Die Wallabies aus Australien gewannen das Turnier 2015, Neuseeland, Australien und Südafrika werden nicht zu Unrecht zu den besten Rugbynationen der Welt gezählt. Die Wallabies konnten das Turnier insgesamt viermal gewinnen, die Springboks dreimal, die All-Blacks sogar 16-mal seit 1996.

Tab 2.: Die Gewinner der Rugby Championship seit 1996

Trinations		Rugby Championship	
1996	Neuseeland	2011	Neuseeland
1997	Neuseeland	2012	Australien
1998	Südafrika	2013	Neuseeland
1999	Neuseeland	2014	Neuseeland
2000	Australien	2015	Australien
2001	Australien	2016	Neuseeland
2002	Neuseeland	2017	Neuseeland
2003	Neuseeland	2018	Neuseeland
2004	Südafrika		
2005	Neuseeland		
2006	Neuseeland		
2007	Neuseeland		
2008	Neuseeland		
2009	Neuseeland		
2010	Südafrika		

Argentinien erreichte immerhin zweimal das Halbfinale einer Rugbyweltmeisterschaft. Damit sind diese sportlichen Leistungen der Teams der Rugby Championship höher einzustufen als beispielsweise von Italien, Schottland und Irland bei den Six-Nations-Teams. Den letzten – und ihren bisher sechsten Titel – gewannen die All Blacks bei der Rugby Championship 2018. Nachdem man 2016 und 2017 das Turnier mit sechs Siegen in sechs Spielen dominierte, mussten sich die Neuseeländer zumindest 2018 im Spiel gegen die Springboks aus Südafrika mit 35:36 geschlagen geben.

8.4 OLYMPISCHE SPIELE

Nach 92 Jahren Abstinenz wurde das 7er-Rugby 2016 in Rio wieder als olympische Sportart aufgenommen. Zuvor galt es als eine zu brutale Sportart, weswegen sich das IOC 1924 dazu entschied, Rugby nicht mehr bei den Olympischen Spielen austragen zu lassen. In Brasilien gingen sowohl die Herren- als auch die Damenteams der jeweils 12 qualifizierten Nationen wieder an den Start. Bei den Herren konnte sich Fidschi im Finale gegen Großbritannien durchsetzen, während bei den Frauen Australien über Neuseeland triumphierte. In Deutschland verfolgten im Schnitt vier Millionen Menschen die Rugbyspiele bei den Olympischen Spielen.

Nach der Bekanntgabe, dass das 7er-Rugby wieder Teil der Olympischen Spiele wird, haben sich die Mitgliederzahlen der aktiv Spielenden weltweit verdoppelt. 7,73 Millionen in 121 Nationen betrieben, Stand 2016, diesen Sport. Vor allem die Entwicklung beim Damen-Rugby ist bemerkenswert. Während vor der Bekanntgabe 2009 nur 200.000 Frauen registriert waren, waren es sieben Jahre später zwei Millionen, die nun 30 % der Gesamtheit ausmachen. Tendenz weiter steigend!

Einziger Negativaspekt bei Olympia war die geringe Auslastung der Stadien. Das 15.000 Menschen fassende Deodoro Stadion war nie ausverkauft. Auch im Finale schaffte man es nicht, das Stadion ganz zu füllen, sodass die absolute Ausnahmestimmung leider ausblieb. Jedoch stehen, auch in Betrachtung dieses Punktes, die Vorzeichen nicht schlecht. Bei den nächsten Olympischen Spielen in Tokio kann man davon ausgehen, dass das Interesse am Rugby deutlich höher ist. 2019 wird der Rugby World Cup bereits in Japan ausgetragen. Zudem schauten, wie bereits erwähnt, 25 Millionen Menschen das Spiel Japan gegen Samoa beim Rugby World Cup 2015, sodass man von einem hohen Interesse seitens der japanischen Bevölkerung ausgehen kann.

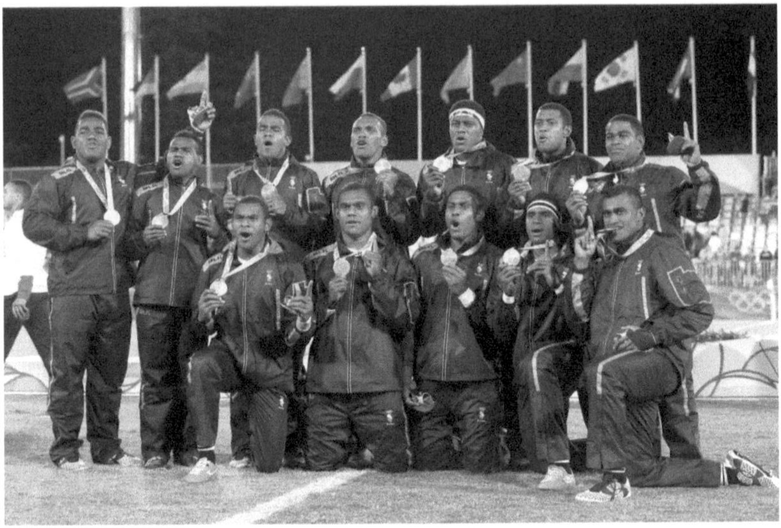

Olympiasieger Fidschi 2016 in Rio

8.4.1 Road to Tokio 2020

Der Weg zu den Olympischen Spielen 2020 führt über eine Reihe von Qualifikationsturnieren. Das olympische Turnier wird, nicht wie die Turniere der World Sevens Series, mit 12 Mannschaften ausgetragen. Gesetzt ist der Gastgeber: Japan.

Über die Sevens-World-Serie qualifizieren sich die ersten vier (4) Nationen direkt. Weitere sechs (6) Nationen kommen über regionale Qualifikationsturniere, die in Europa, Asien, Afrika, Nordamerika und Karibik, Ozeanien und Südamerika ausgespielt werden, nach Tokio. Die Zweit- und Drittplatzierten nehmen dann an einem weiteren letzten Qualifikationsturnier mit 12 Mannschaften teil, bei dem der Gewinner den letzten Platz für die Olympischen Spiele bekommt.

★ 1 Platz = Gastgeber

★ 4 Plätze = Top 4 der Sevens World Series

★ 6 Plätze = regionale Qualifikationsturniere

★ 1 Platz = Turnier der zweiten und dritten Plätze der Regionalturniere

8.5 RUGBY WORLD CUP SEVENS

Neben dem Rugby World Cup für das 15er-Rugby, ist – sportlich und medienwirksam hinter den Olympischen Spielen – der Rugby World Cup Sevens, die 7er-Rugby-Weltmeisterschaft, das höchste von World Rugby organisierte Turnier.

Was der Webb-Ellis-Pokal für die 15er-Spieler ist, ist der *Melrose Cup* für die 7er-Spieler. Melrose ist eine Stadt in Schottland, in der das 7er-Rugby erfunden worden ist. Der Melrose Cup findet alle vier Jahre statt.

Tab. 3: Austragungsorte des World Cup Sevens seit 1993

Jahr	Austragungsland	Männer	Frauen
1993	Schottland	England	
1997	Hongkong	Fidschi	
2001	Argentinien	Neuseeland	
2005	Hongkong	Fidschi	
2009	Vereinige Arabische Emirate	Wales	Australien
2013	Moskau	Neuseeland	Neuseeland
2018	USA	Neuseeland	Neuseeland

Seit 1993 finden die Weltmeisterschaften im 7er-Rugby bei den Männern statt und seit 2009 auch bei den Frauen. So wie das Interesse am 7er-Rugby weltweit in den letzten Jahren gestiegen ist, so hat sich auch das Interesse an den Weltmeisterschaften positiv verändert.

8.6 SEVENS WORLD SERIES – TURNIERE RUND UM DEN GLOBUS

Die *World Rugby Sevens Series* ist eine jährlich stattfindende Serie von 7er-Rugby-Turnieren, die weltweit ausgetragen wird. Aufgrund des Namenssponsors wird die Turnierserie offiziell als *HSBC Rugby Sevens Series* bezeichnet. Seit Gründung in der Saison 1999/2000 kämpfen 16 Nationalteams um den Cup. 15 Nationalteams sind in einer Saison gesetzt, darüber hinaus wird pro Standort ein weiteres Team eingeladen.

In der Saison 2017/18 bestand die Serie aus 10 Turnieren, die unter anderem in Las Vegas, Sydney und London ausgetragen wurden. Das bekannteste Turnier ist das *Hong Kong Sevens*, das bereits 1976 ausgetragen wurde und heute Teil der Serie ist. In den verschiedenen Turnieren einer Serie ist es das Ziel, so viele Punkte zu sammeln wie möglich. Die Anzahl der Punkte ist natürlich abhängig vom Abschneiden der Teams. Am Ende einer Serie werden dann die gesammelten Punkte addiert und ein Sieger ermittelt. Mit 12 Siegen ist Neuseeland der absolute Rekordmeister.

Neben HSBC als Namensgeber der Serie, verfügt die World Rugby Sevens Series mit DHL, TAG Heuer und Gilbert über weitere Partner, die die Turnierserie unterstützen. Die neueste Partnerschaft wurde Anfang 2018 mit Capgemini eingegangen. Mit der IT-Beratung als Innovationspartner soll das Fanerlebnis im Stadion und vor den Bildschirmen durch ein hochwertiges Format auf eine neue Ebene gehoben werden. Mithilfe der Vermarktungspartner Lagardere Sports und RBA hat man es schon in der Saison 2015/16 geschafft, die Übertragung der Serie in 144 Länder in 12 unterschiedlichen Sprachen zu vermarkten. Insgesamt erreicht man dadurch 400 Millionen Haushalte.

Seit 2010 ist die HSBC Bankengruppe Sponsor der Tour und hat im August 2018 erst ihr Engagement bis zum Jahr 2023 verlängert. Gleichzeitig wurde HSBC der weltweite Bankingpartner von World Rugby. Also eine Verbindung auf vielen Ebenen. Gerade in den neuen Märkten und bei jüngeren Zuschauern kommt die 7er-Variante des Rugbysports sehr gut an und macht einen Großteil des globalen Wachstums aus. Die Sevens World Series 2017-18 hatte immerhin einen Zuwachs von über 60 % im Vergleich zur 2016-17-Saison im Bereich der Videozugriffe auf der Webseite des Weltverbandes und bei YouTube®.

8.7 HONG KONG SEVENS – DER KLASSIKER

Was den Tennisspielern Wimbledon und den Golfern ihr Saint Andrews, das ist für die 7er-Spieler im Rugby das Turnier in Hongkong; die *Hong Kong Sevens.*

Seit 1976 gibt es dieses Turnier in der ehemaligen britischen Kronkolonie und es hat sich in den letzten 20 Jahren zum absoluten Highlight auf der Sevens World Series entwickelt. Jedes 7er-Turnier auf der Weltserie hat sein ganz eigenes Rahmenprogramm. In Hongkong aber herrscht in der Woche des Turniers „Ausnahmezustand".

Das Turnier mit mehr als 50.000 Zuschauern bietet auf der einen Seite ein Rahmenprogramm mit Bands und Bühnenprogramm, Open-Air-Parties, auf der anderen Seite aber auch Business Meetings in den feinen Logen des Stadions.

Angefangen hat alles 1976, als der damalige Präsident des Rugbyverbandes von Hongkong und der Geschäftsführer des Tabakkonzerns Rothmanns, Ian Gow, zusammentrafen, um ein professionelles und gesponsortes Rugbyturnier zu veranstalten. Ein Novum zu diesen Zeiten, als Rugby noch ein absoluter Amateursport war und jede Kommerzialisierung der Sportart verpönt war.

Das Konzept funktionierte auf Anhieb. Am 28. März 1976 trafen erstmals Klubs aus Südkorea, Australien, Neuseeland, Tonga, Japan, Sri Lanka, Malaysia und Fidschi im Rahmen des Wettbewerbs aufeinander. In den darauf folgenden Jahren wurde das Konzept etwas geändert und die Vereinsmannschaften durch Nationalmannschaften ersetzt, was dem Hong Kong Sevens zu größerer Popularität verhalf. Um der Nachfrage nach Tickets gerecht zu werden, wurde 1994, ein Jahr nach der Austragung der ersten 7er-Rugby-Weltmeisterschaft, das *Hong Kong Stadium* auf 40.000 Plätze ausgebaut.

Zweimal – 1997 und 2005 – wurde der Rugby World Cup Sevens, die Weltmeisterschaft im 7er-Rugby, in Hongkong ausgetragen. Als im Olympiajahr 2000 die Sevens World Series ins Leben gerufen wurde, waren die Hong Kong Sevens von Anfang an ein fester Bestandteil des Formats.

Heute gilt das Turnier als Zuschauermagnet, für Sport- und Rugbyfans aus der ganzen Welt, aber auch für Touristen, die das Flair der asiatischen Finanzmetropole mit dem Erlebnis eines Weltklasse-Rugby-Events auf höchstem Niveau erleben möchten.

★ 9 ★

RUGBY IN DEUTSCHLAND

9.1 HISTORIE SEIT 1900

Die rasante Entwicklung, die die Sportart Rugby in den letzten Jahren weltweit hatte, ging auch an Deutschland nicht ganz spurlos vorbei. Die Mitgliederzahlen in den knapp 125 Rugbyvereinen in Deutschland sind in den letzten Jahren kontinuierlich gestiegen und so sind (Stand: Januar 2019) rund 15.000 Mitgliedern im Deutschen Rugby Verband und seinen 16 Landesverbänden organisiert. Damit kommen heute in Deutschland 1.300 Fußballer auf jeden Rugbyspieler!

Gespielt wird Rugby schon seit Ende des 19. Jahrhunderts. Vereine wie der SC 1880 Frankfurt, DSV Hannover 1878 oder Heidelberger Ruderklub 1872 waren Vereine der ersten Stunde. Der Deutsche Rugby Verband gründete sich 1900 in Kassel und schon Anfang des 20. Jahrhunderts existierte ein geregelter Spielbetrieb in Deutschland und international. Bei den zweiten Olympischen Spielen der Neuzeit 1900 in Paris war Rugby noch im olympischen Programm und Deutschland, damals vertreten vom SC 1880 Frankfurt, konnte bis ins Finale vordringen, musste sich aber Gastgeber Frankreich geschlagen geben.

Nach dem Zweiten Weltkrieg hielt die Entwicklung in Deutschland allerdings nicht mehr mit der Ausbreitung anderer Sportarten – insbesondere Fußball – Schritt. Der Grund hierfür sind, bezogen auf Fußball, sicherlich die frühen sportlichen Erfolge der Fußballer, die 1954 in Bern zum ersten Mal Weltmeister wurden und so eine nationale Begeisterung entfachten. Zum Vergleich: Im Rugby wurde Deutschland erst 1988 Mitglied des Weltverbandes und spielte seine erste Qualifikation zu einem WM-Turnier 1999. Qualifizieren zum Rugby World Cup konnte man sich bis heute noch nicht, wenngleich man, wie beschrieben, 2018 beste Chancen hatte und das bis dahin beste Ergebnis erzielte.

Vergleicht man die Entwicklung der beiden Sportarten Fußball und Rugby in Deutschland, so fällt sicherlich die frühe Kommerzialisierung im Fußball, bereits in den 1950er-Jahren, auf. Von Kommerzialisierung und Profitum wollte man im Rugby bekanntermaßen lange nichts wissen und diese konservative Einstellung, gefördert durch das Mutterland des Rugbys, England, setzte sich auch in Deutschland lange durch.

9.2 ZENTREN IN HANNOVER UND HEIDELBERG

Historisch sind die leistungsstärksten Regionen auch heute noch Hannover und Heidelberg, aber auch Berlin und Frankfurt stellen heute eine ganze Reihe erfolgreicher Jugend- und Herrenmannschaften. Zusammen mit Hannoveraner Vereinen stellen die Klubs aus Heidelberg bis heute mehr Meister als alle anderen Klubs in Deutschland zusammen. Eine Rugby-Bundesliga der Herren umfasst 12 Vereine, die der Damen immerhin sechs Vereine.

Da Rugby als nicht olympische Sportart in Deutschland lange Zeit nicht durch öffentliche Gelder unterstützt wurde, wie andere Mannschaftssportarten, machte die Arbeit des Deutschen Rugby Verbandes nicht einfacher.

Das änderte sich erst 2009, mit der Wiederaufnahme des 7er-Rugby in das olympische Programm, denn, ähnlich wie in vielen anderen Ländern, standen nun auch Gelder des Deutschen Olympischen Sportbundes zur Verfügung. Bevor es allerdings richtig losgehen konnte mit dem Rugbyboom, kam zunächst einmal der große Schritt zurück. Der jahrzehntelange Status einer Randsportart hinterließ auch in den Strukturen und im Management des Verbandes Spuren.

Im Sommer 2011 stand der Deutsche Rugby Verband kurz vor der Insolvenz – Deutscher Olympischer Sportbund und Bundesinnenministerium hatten die Förderung des verschuldeten Verbandes ausgesetzt. Daraufhin wurden die Mitgliedsbeiträge verdoppelt, Sonderumlagen beschlossen, Pokalwettbewerbe gestrichen und eine neue Verbandsspitze gewählt. Mit Unterstützung des Deutschen Olympischen Sportbundes wurden hauptamtliche Strukturen aufgebaut, um das olympische 7er-Rugby zu entwickeln. Die finanziellen Zuwendungen aus öffentlicher Hand und strukturelle Anpassungen reichten allerdings nur deshalb zum Fortbestand des Verbandes, weil auch einige Sponsoren und Mäzene ihren Teil beitrugen. So etwa der Heidelberger Unternehmer Dr. Hans-Peter Wild.

9.3 DIE WILD RUGBY ACADEMY

Wild, der heute in der Schweiz lebt, übernahm die von seinem Vater 1931 gegründete Firma in Heidelberg und führte sie erfolgreich weiter. Im Jahr 2014 verkaufte Wild das Unternehmen für geschätzte drei Milliarden US-Dollar, besitzt aber immer noch die Fruchtsaftmarke Capri Sun, die in mehr als 100 Ländern konsumiert wird. Obwohl er selbst nie Rugby spielte, entdeckte der erfolgreiche Unternehmer, Jahrgang 1941, seine Liebe zu dieser Sportart über seinen Vater, der im Sommer ein leidenschaftlicher Ruderer war und im Winter Rugby spielte.

Mit seiner Rugby Academy in Heidelberg investierte Wild nach eigenen Angaben bis 2016 mehr als 10 Millionen Euro, nicht nur in Sportinfrastruktur, sondern vor allem auch in Trainer aus dem In- und Ausland. In Heidelberg entstand ein Trainingszentrum mit Kunstrasenplätzen, mit überdachten Trainingsanlagen die Videoanalysen im Training ermöglichen, internationaler Standard im heutigen Rugby.

Rugbyexperten aus Australien und Südafrika wurden engagiert, denn die Strategie der Wild Academy war es zunächst, das deutsche Rugby vor allem in der Breite zu fördern und zu entwickeln. Trainerausbildungen, die aufgrund der geringen finanziellen Möglichkeiten des Spitzenverbandes über viele Jahre nur spärlich stattfanden, sollten die Vereine unterstützen und mehr Kinder und Jugendliche in die Vereine bringen. Eine eigens gegründete Stiftung sorgte für die finanzielle und organisatorische Grundlage.

Das Trainingszentrum in Heidelberg sollte das „Home of Rugby" für deutsche Rugby-Nationalmannschaften werden, und Möglichkeiten für Trainingslager der deutschen Nationalmannschaften, Trainer- und Schiedsrichteraus- und -fortbildungen bieten.

Im Jahr 2014 folgte ein Strategiewechsel. Mit dem ehemaligen Rugbyprofi Robert Mohr, der in der französischen Profiliga seine Erfahrungen als Spieler und Manager sammelte, fand man einen international erfahrenen Spieler als Leiter für die Akademie. Mohr und sein Cheftrainer Kobus Potgieter fokussierten nach Absprache mit Mäzen Wild und dem Deutschen Rugby Verband die Aktivitäten auf den Leistungsbereich – die 15er-Nationalmannschaft mit dem klaren historischen Ziel: Teilnahme der 15er-Männer-Nationalmannschaft am Rugby World Cup 2019 in Japan.

Doch die Initiative fand nicht nur Unterstützer und Fans, sondern auch eine ganze Reihe von Kritikern. Kommentare wie: „Zu viel Geld im Spiel", „Heidelberg profitiert zu sehr vom Engagement", „Wettbewerbsverzerrung", waren nur einige kritische Kommentare aus der Rugby-Community. Auch die Zusammenarbeit mit dem Spitzenverband und die Koordination mit dem olympischen 7er-Programm gestaltete sich zunehmend schwieriger. Zu dünn war die Spielerdecke für beide Formate – das 7er-Rugby und das 15er-Rugby. Es wurde zunehmend über den Einsatz von Spielern gestritten, über Maßnahmen und Finanzen.

Zwar unterstützte die Wild Rugby Academy auch weiterhin den Deutschen Rugby Verband, bereits Mitte 2017 allerdings orientierte sich der Mäzen mit seinen Rugbyaktivitäten auch in Richtung Frankreich. Er kaufte den in finanzielle Schwierigkeiten geratenen französischen Traditionsklub *Stade Français* und investierte in professionelles Klubrugby. Ende 2018 eskalierten die Meinungsverschiedenheiten zwischen Mäzen und Verband, der sich zunehmend in einer Defensivrolle sah.

Seit Anfang 2019 geht man nun getrennte Wege, die Wild Rugby Academy hat nach eigenen Angaben ihre Aktivitäten in Deutschland eingestellt und Mäzen Dr. Wild widmet sich mit seinem Klub in Paris nun gänzlich dem internationalen und professionellen Rugby. Nach eigenen Angaben wird er in den kommenden fünf Jahren dort 100 Millionen Euro investieren, um Stade Français noch professioneller aufzustellen.

9.4 DER BLICK NACH VORNE

Heute ist der Blick im deutschen Rugby nach vorne gerichtet.

Das positive Momentum der Sportart möchte der Vorstand des Deutschen Rugby Verbandes nutzen, um Rugby in Deutschland in der Breite, aber auch in der Spitze, weiter zu entwickeln. Kein ganz leichtes Unterfangen, die traditionelle 15er-Fraktion und die olympische 7er-Fraktion zu vereinen. Der Verband kann heute aber immerhin auf eine gute Basis an Spielern in Deutschland zurückgreifen und auch einige deutsche Spieler, die im Ausland ihr Geld als Profis verdienen, spielen regelmäßig in den deutschen Herren-Nationalmannschaften.

Im olympischen 7er-Rugby hat Sportdirektor Manuel Wilhelm in den letzten Jahren tragfähige und leistungssportlich orientierte Strukturen aufgebaut und fast alle Herren-Nationalspieler der olympischen Variante sind als Mitglieder der Sportförderkompanie der Bundeswehr praktisch Profisportler. Unterstützung erhält Deutschland seit einigen Jahren auch vom Weltverband in Form von Trainern und anderem Leistungssportpersonal. Der sportliche Erfolg blieb nicht aus. Die Herren-7er-Nationalmannschaft schaffte bei den letzten drei Qualifikationsturnieren zur Sevens World Series jeweils zweimal das Finale und einmal das Halbfinale. Bei den Europameisterschaften 2018 belegten die Herren den zweiten Platz.

Das erfolgreiche Modell bei den 7er-Herren soll nun auch auf den Bereich der Damen-Nationalmannschaften übertragen werden.

Bei der 15er-Herren-Nationalmannschaft stand man beim Qualifikationsturnier 2018 für den Rugby World Cup 2019 in Japan kurz vor der Sensation und hätte sich mit einem Sieg gegen Kanada zum ersten Mal für eine WM qualifizieren können.

Dabei haben sowohl die 15er-Damen, die in Europa in der B-Gruppe spielen, als auch die 7er-Damen in den kommenden Jahren gute Chancen, zunächst in die europäische Spitze aufzusteigen.

9.5 INTERNATIONALES SPITZENRUGBY IN MÜNCHEN: OKTOBERFEST 7S

Ein wichtiges Element in der weiteren Entwicklung des deutschen Rugbysports ist sicherlich eine Veranstaltung, die ihre Premiere 2017 im Münchener Olympiastadion feierte: die *International Oktoberfest 7s*.

Im Jahr 2012 fanden sich der ehemalige Rugbyprofi und Initiator des Oktoberfest 7s, Mathias Entenmann, und weitere Ehemalige mit der

Idee zusammen, ein internationales Spitzenturnier im 7er-Rugby in Deutschland zu veranstalten. Mittelfristiges Ziel: eine Station auf der „Sevens World Series" des Weltverbandes World Rugby zu werden.

Der Zeitpunkt aus Marketingsicht könnte kaum besser passen, denn parallel zum internationalen Rugbyturnier feiern Besucher aus der ganzen Welt fünf Kilometer südlich des Olympiastadions am letzten Wies´n-Wochenende. Viele davon aus Rugbyländern. Warum also sollten die nicht zwischen der zweiten und dritten Maß mal beim Rugby vorbeischauen, dachten sich Entenmann und seine Mitstreiter.

Das Konzept ging voll auf! Und so sah man bei der ersten Auflage des Events, neben Besuchern aus ganz Deutschland, auch viele Zuschauer aus Australien, England, Frankreich, Irland und Südafrika! Wer das sportliche Geschehen und die Partyatmosphäre nicht im Stadion erleben konnte oder wollte, für den hat *Sport 1* immerhin 14 Stunden vom Turnier berichtet und selbst bis Australien, England, Argentinien und Südafrika wurde von den Oktoberfest 7s – zum Teil live – berichtet.

Aber nicht nur die Organisatoren waren zufrieden. Das Feedback der Mannschaften und Spieler, der teilnehmenden Verbände und auch des Weltverbands war 2017 extrem positiv. Die Stimmung im Stadion war sensationell. Die Zuschauer hatten Spaß und es wurde eine zweitägige Rugbyparty im Olympiastadion gefeiert. Am Ende hätten es laut Organisator Entenmann noch ein paar Zuschauer mehr sein können. Aber die 20.000 Zuschauer, die an beiden Tagen den Weg in das Olympiastadion gefunden hatten, sind sicherlich eine gute Basis für die Neuauflage in 2019. Sportlich schlug sich das deutsche Team sehr gut und belegte den fünften Platz. Gegen England, Frankreich und im Spiel um Platz fünf gegen Argentinien gab es jeweils Siege – alle drei Länder immerhin große Nationen in der Rugbywelt.

Das Konzept scheint also zu funktionieren und man darf gespannt sein, auf welches Zuschauerinteresse die zweite Auflage im vorolympischen Jahr 2019 in München stoßen wird. Sportlich jedenfalls hat sich neben den Nationen des vergangenen Turniers das absolute Schwergewicht im Rugbysport angesagt: Beim Turnier 2019 werden die All Blacks zum ersten Mal in München erwartet.

★ 10 ★

RUGBY SPORTLICH: DAS TRAINING

Nach so viel theoretischen Informationen und kleinen Geschichten rund um das Rugby schauen wir uns doch mal an, wie es mit dem Sport aussieht. Trainingsdress an und ab auf das Spielfeld!

10.1 SPORT FÜR JEDERMANN!

Man möchte es kaum glauben, aber in der Tat ist Rugby ein Sport für jedermann, denn aufgrund der unterschiedlichen Spielpositionen braucht man im Team viele unterschiedlich gebaute Spieler.

Das heißt, dass Rugby eine Sportart für alle sein kann, einerlei, ob Jungen oder Mädchen.

Das liegt aber nicht nur daran, dass Rugby viele verschiedene Anforderungen an den Spieler oder die Spielerin stellt, sondern auch an den Spielformen, den Spielformaten. Denn neben dem als Rugby Union bekannten Rugby als Vollkontaktsport gibt es auch die Varianten wie *Tag*

Rugby oder *Touch Rugby*, bei denen kein oder kaum Körperkontakt im Spiel erlaubt ist.

Aber schauen wir uns zunächst das Anforderungsprofil der beiden gängigen Formate im Rugby an, dem 15er-Rugby und dem 7er-Rugby.

10.2 PHYSISCHES ANFORDERUNGSPROFIL

Wie kaum eine andere Mannschaftssportart stellt Rugby sehr vielfältige Anforderungen an die körperliche Leistungsfähigkeit der Spieler. Das Spiel verlangt ein Höchstmaß an spezifischer Ausdauer ebenso wie verschiedene Kraftfähigkeiten und Schnelligkeit. Dazu sind Beweglichkeit und Koordinationsvermögen wichtige Voraussetzungen, um in der Sportart Rugby erfolgreich zu sein. Das Anforderungsprofil der Sportart gibt dem Trainer und dem Spieler genaue Anhaltspunkte, auf welche Belastungen das Athletiktraining vorbereiten sollte.

Auch im Rugby hat mittlerweile die Trainings- und Spielanalyse Einzug gehalten. Hierbei nutzen Spielanalysten und Trainer gezielt erhobene GPS-Daten und Testwerte internationaler Spitzenathleten sowie Daten aus Spielbeobachtungen auf höchstem Spielniveau, um ein Profil der vielseitigen Anforderungen zu erstellen.

Insbesondere beim 15er-Rugby sind die körperlichen Beanspruchungen der einzelnen Spielerpositionen sehr unterschiedlich. Ein rechter Spieler auf der Position Tighthead Prop etwa, der das Gedränge in der ersten Reihe stabilisiert, ist anderen Belastungen ausgesetzt als beispielsweise ein Schlussspieler.

Im 7er-Rugby ist die Spezialisierung der Aufgaben im Spiel und damit auch der Unterschied des athletischen Anforderungsprofils zwischen den Spielerpositionen weniger stark ausgeprägt. Hier bestehen nur geringfügige Unterschiede der Leistungswerte zwischen den einzelnen Positionen. Alle 7er-Spieler müssen überdurchschnittlich schnell und sehr schnellkräftig sein sowie über eine hervorragende Sprintausdauer bei sich häufig wiederholenden Sprints verfügen. Zudem sollten Spieler über eine gute Rumpfstabilität und besonders gute Kraft- und Schnellkraftfähigkeiten verfügen.

Qualitäten als Spielmacher müssen die Positionen Gedrängehalb und Verbinder durch Spielverständnis und durch blitzschnelle Entscheidungen zeigen. Sie sollten über eine herausragende Technik und Koordination verfügen.

Neben der Schnelligkeit geht es um Gewandtheit, um die Fähigkeit, schnelle Richtungswechsel durchzuführen und sich im Kontakt durchzusetzen. Dafür ist vornehmlich die Schnellkraft verantwortlich.

Beim 15er-Rugby hingegen haben sich die einzelnen Spielerpositionen in dem Maße spezialisiert, dass zum Teil deutliche Unterschiede nicht nur in der körperlichen Erscheinung, sondern auch in den physischen Attributen zu verzeichnen sind. Der rechte und linke Pfeiler (die Props in der ersten Reihe) sind meist die schwersten Athleten auf dem Rugbyfeld. Sie brauchen vor allem maximale und isometrische Kraft und verfügen über Schnellkraft und Schnellkraftausdauer, über eine ausgezeichnete anaerobe Ausdauer bei intermittierenden Beanspruchungen, sowie über eine gute Beschleunigung auf den ersten 5 m. Mittlerweile sollten sie auf dieser Distanz auch agil sein, um Tacklings ausweichen zu können.

Die Spieler der zweiten Reihe im Gedränge sind überdurchschnittlich groß, da sie in der Gasse geliftet werden und so ihren Größenvorteil ausspielen können. Sie werden als *Engine Room*, also als *Motorraum des Gedränges*, bezeichnet. Von ihnen kommt der hauptsächliche Schub nach vorn. Dafür benötigen sie Maximalkraft, Schnellkraft und Schnellkraftausdauer und natürlich möglichst viel Sprungkraft für die Gasse. Sie sollten über eine sehr gute Beschleunigung auf den ersten 10 m verfügen, um den Ball schwungvoll über die Vorteilslinie zu tragen.

Die Dritte-Reihe-Spieler und der Hakler besitzen sehr ähnliche physische Attribute. Neben der Maximalkraft und Schnellkraft für das Gedränge benötigen sie eine sehr gute Startkraft. Sie müssen häufig dynamisch beschleunigen und wieder abbremsen und benötigen wesentlich mehr Schnelligkeit und Schnelligkeitsausdauer, vornehmlich im Bereich bis zu 20 m. Sie müssen auch deutlich agiler sein als die erste und zweite Reihe, die sogenannten *Tight 5*, da sie wesentlich stärker an den Spielzügen von Gedränge und Gasse weg beteiligt sind.

Heutzutage werden die Dritte-Reihe-Spieler mit den Rückennummern 6 und 8 nicht selten auch in der Gasse geliftet. Dafür verfügen sie entsprechend auch über eine sehr gute Sprungkraft. Nicht selten werden diese großen und kräftigen Athleten je nach Bedarf in der zweiten oder dritten Reihe eingesetzt.

Der Gedrängehalb sollte ein sehr mobiler Spieler mit der besten Passtechnik auf dem Platz sein. Auf einer Distanz von bis zu 20 m sollte er hervorragend beschleunigen können, sehr schnell und agil sein und über blitzartige Richtungswechsel verfügen. Eine kurze Reaktionszeit hilft ihm dabei, schnell Entscheidungen zu treffen und diese aufgrund seiner überlegenen Aktionsschnelligkeit sofort in die Tat umzusetzen. Der Gedrängehalb ist der Spieler mit der größten aeroben Ausdauer, da er, von einem Ruck zum nächsten laufend, nach fast jeder Kontaktsituation den Ball wieder ins Spiel bringt. Zudem ist er bei Durchbrüchen meist einer der ersten Unterstützungsspieler, da er immer in Ballnähe sein sollte.

Der Verbinder ist der Taktiker, der die Hintermannschaft lenkt und einen Großteil der situativen Entscheidungen im Spiel trifft. Er sollte ausgezeichnete technische Fertigkeiten im Passen und Kicken haben, sollte auf den ersten 30 m sehr schnell sein und die Kompetenz besitzen, mit hoher Geschwindigkeit seine Bewegungsrichtung schlagartig zu wechseln sowie Entscheidungen unter Druck treffen zu können. Der Verbinder ist oft auch der Kicker, der Straf- und Erhöhungstritte ausführt. Dafür benötigt er eine gute Beweglichkeit, um durch eine große Bewegungsamplitude die präzise Technik kraftvoll einsetzen zu können. Auch seine koordinativen Fähigkeiten müssen überdurchschnittlich gut sein.

Die beiden Innendreiviertel sollten über ein sehr gutes Verteidigungsverhalten und eine große Übersicht verfügen. Für ihre Aufgaben benötigen sie Schnelligkeit über 30 m, die Fähigkeit des Richtungswechsels in Höchstgeschwindigkeit und eine sehr gute anaerobe Ausdauer. Oft genug entscheidet sich in ihrem Kanal der Ausgang des Spielzugs, werden hier Lücken gerissen und Überzahlsituationen kreiert.

Die beiden Außendreiviertel und der Schlussspieler sind oftmals die schnellsten Spieler des Teams über 40 m. Sie sind umso effektiver, je besser ihre Beschleunigung und je höher ihre Endgeschwindigkeit im Vollsprint ist. Sie sollten zu schnellen Richtungswechseln unter hohen Geschwindigkeiten in der Lage sein. Da sie aber auch zu dritt den gesamten Rückraum des Spielfeldes bei Kicks absichern müssen, verfügen sie auch über eine hohe aerobe Ausdauer. Nicht selten hilft der Schlussspieler dem Verbinder in der Spielmacherrolle aus, wenn dieser selbst getackelt wurde oder aus anderen Gründen die nächste Angriffsphase nicht einleiten kann.

Bei der systematischen Spielbeobachtung interessiert die Anzahl an Kontaktsituationen und Kollisionen pro Spiel, die Art und Menge an Standardsituationen, die Zahl, Intensität und durchschnittliche Länge von Läufen bis hin zu Sprints, das Belastungsprofil anhand erhobener Pulswerte und einiges mehr.

Grundsätzlich zeichnet sich das Rugbyspiel in konditioneller Hinsicht durch wiederholtes, schnelles Laufen mit einem hohen Sprintanteil aus. Kennzeichnend dafür ist ein rugbyspezifisches Pulsprofil, bei dem die Spieler der 7er-Rugby-Variante drei Viertel der Spielzeit in einem Pulsbereich jenseits der 80 % ihres Maximalpulses liegen. Unterbrochen werden diese intensiven Phasen von kurzen, unvollständigen Pausen, sodass ein Intervallcharakter der Belastungsgestaltung zu erkennen ist. Intensives Intervalltraining im Bereich der Ausdauer stimmt daher mit der Belastungsstruktur eines Spiels weitestgehend überein und sollte in keiner Trainingsplanung fehlen.

Rugbyspieler vollführen plötzliche Richtungswechsel, sie müssen in kurzer Folge beschleunigen und wieder abbremsen. Plyometrisches Sprungtraining, das Üben des Antritts, der Beschleunigung und des Abbremsens aus vollem Lauf gehören ebenso ins Rugbytraining wie die Schulung von Steps, Kurven und des Rückwärtslaufens. Neben der Charakterisierung als intensiver Laufsport kann man Rugby auch zu Recht als Kontaktsport bezeichnen. Häufige und zum Teil hochintensive Kollisionen und Kontaktsituationen zeichnen diesen Sport aus.

Im 15er-Rugby ist der Ball von den 80 Minuten Spielzeit etwa 28 Minuten im Spiel. Für die Stürmer, die an den Standardsituationen aktiv beteiligt sind, im Durchschnitt gibt es 24 Gassen und 12 Gedränge pro Spiel, ergibt sich daraus ein Verhältnis von Aktivität zu Pause von 1:2. Hingegen sind die Hintermannschaftsspieler nur in einem Verhältnis von 1:4 aktiv. In dieser Zeit laufen sie allerdings im Schnitt 6.000 m, wohingegen die Stürmer der ersten und zweiten Reihe nur auf 5.500 m Laufdistanz kommen. Hierbei sprinten die Tight 5 viermal pro Spiel jeweils über eine durchschnittliche Länge von 20 m. Die Backs sprinten bis zu 13-mal und erreichen im Mittel eine Distanz von 22 m. Sowohl die Stürmer als auch die Spieler der Hintermannschaft sind in jeder Spielminute an zwei Kollisionen beteiligt.

Das Verhältnis der Aktivität zur Pause sollte bei der Gestaltung der Belastungsphasen und Pausen im Ausdauertraining Berücksichtigung finden. Das Training der Grundlagenausdauer kann unter Verwendung der angegebenen Distanzen von bis zu 6 km somit optimal auf die Beanspruchungen in der Wettkampfphase vorbereiten. Beim Schnelligkeitstraining interessieren vornehmlich die kurzen Distanzen von bis zu 22 m, sodass dem Training der Beschleunigung und des Antritts die größte Bedeutung zukommt. Die Anzahl der Sprints pro Spiel und der Standard- und Kontaktsituationen kann in der Vorbereitungsphase sehr zielführend bei der Gestaltung intensiver Intervalle für das Training der sportspezifischen Ausdauer genutzt werden.

Im 7er-Rugby geht ein Spiel über zweimal sieben Minuten mit einer Minute Pause. Die Turniere gehen meist über 2-3 aufeinanderfolgende

Tage, wobei ein Team in der Regel 2-3 Spiele an einem Tag zu absolvieren hat. Die Unterbrechungen für die Standardsituationen im Spiel sind kürzer, sodass die Belastungsdichte im 7er-Rugby deutlich höher ausfällt, zumal die gleiche Spielfeldgröße mit nur sieben statt 15 Feldspielern abgedeckt werden muss und somit jeder Spieler viel häufiger aktiv am Spielgeschehen beteiligt ist.

Ihre Arbeitsleistung (Work Rate) ist durch ein Verhältnis von 2,5:1 zwischen Aktivität und Pause gekennzeichnet. In einem Spiel legen die Akteure etwa 2.000 m zurück, davon unter anderem acht Sprints mit einer durchschnittlichen Länge von 30 m, wobei die gemessene Distanz von 5 m bis zu 100 m stark differiert. Drei Kollisionen pro Spielminute sind die Regel. Die schnellsten Spieler erreichen eine Höchstgeschwindigkeit von 36 km/h.

In der 7-a-Side-Variante des Spiels ist die häufigste Standardsituation der Antritt mit siebenmal, wohingegen das Gedränge viermal und die Gasse dreimal zu verzeichnen sind. Nutzt man diese Daten für die Trainingsplanung, so ergeben sich für die Grundlagenausdauer Distanzen von 6-8 km. Das beinhaltet drei Spiele à 2.000 m und die Laufdistanzen in der jeweiligen Erwärmung.

Die Intervalle sind deutlich intensiver zu gestalten, sodass zum Beispiel auf 60 Sekunden Belastung nur 24 Sekunden Pause folgen. Diese unvollständigen Pausen sind charakteristisch für das 7er-Rugby; sie beanspruchen die anaerobe Ausdauer der Athleten stark. Die Anzahl und die Distanzen der Sprints sollten im Training der Schnelligkeit einerseits und der Schnelligkeitsausdauer andererseits berücksichtigt werden. Das Einbauen von Sprints über unterschiedliche Längen ist hier angeraten.

Um die Vergleichbarkeit der selbst erhobenen Istwerte mit den vorgestellten Sollwerten zu gewährleisten, sind die gleichen Tests mit möglichst identischen Testbedingungen zu nutzen. An dieser Stelle geht es aber erst einmal um die Vorstellung der Sollwerte und um die positionsspezifischen Unterschiede hierbei.

Der Test für die wiederholte Sprintfähigkeit (*Repeated-Sprint-Ability-Test*) brachte für die Stürmer des 15er-Rugbys Werte von 720 m, wohingegen die Spieler der Hintermannschaft 780 m erzielten.

Bei den Stürmern der ersten und zweiten Reihe liegen die Testwerte für den *Yo-Yo-IRTL1-Test* knapp unter dem für die Dritte-Reihe-Stürmer und Hintermannschaft gemessenen Level 19. Für die 10-m-Distanz im Sprint werden 1,8 Sekunden und über die 40 m eine Zeit von 5,6 Sekunden angegeben. Hier wird von der Hintermannschaft erwartet, diese Werte mit 1,6 Sekunden und 5,1 Sekunden über die gleichen Distanzen deutlich zu unterbieten.

Beim vertikalen Standhochsprung (*Jump-and-Reach-Test*) liegen die Testergebnisse bei durchschnittlich 55 cm für die tendenziell schwereren Athleten des Sturms, während die eher leichteren Backs 68 cm erreichten. Bei den Kraftdisziplinen des Bankdrückens und der Kniebeuge haben die Tight 5 die Nase vorn. Sie erreichen beim Maximalkrafttest (*One Repetition Maximum*) im Schnitt das 1,5-fache ihres eigenen Körpergewichts auf der Bank und sogar das 1,8-fache Körpergewicht bei der tiefen Beuge. Die Backs hingegen erreichten bei beiden Disziplinen jeweils das 1,3-fache des Gewichts, welches sie selbst auf die Waage bringen.

Obwohl das Körpergewicht der verschiedenen Spielerpositionen, den unterschiedlichen Aufgaben im Spiel entsprechend, stark variiert, sollte bei allen Spielern die optimale Körperzusammensetzung angestrebt werden. Stürmer sollten hier einen Körperfettanteil von 14 % nicht überschreiten. Bei der Hintermannschaft liegt der Richtwert sogar mit nur 12 % noch darunter.

Da im 7er-Rugby die einzelnen Akteure, relativ zur Spielzeit gesehen, deutlich mehr Spielanteile haben und aufgrund der geringeren Spezialisierung der Aufgaben ausgesprochen vielseitig ausgebildet sein müssen, spiegeln ihre Werte auch dieses Höchstmaß an Beanspruchung wider. Ihr Körperfettanteil sollte möglichst unter 10 % liegen, da jedes Gramm passiver Masse den Athleten langsamer macht, und die Energiespeicher unnötig belastet.

An der Hantelstange erreichen sie das 1,6-fache ihres Körpergewichts beim maximalen Bankdrücken und bewegen das 1,7-fache bei der Kniebeuge einmal sauber durch die geforderte Bewegungsamplitude. Im vertikalen Sprung, hier allerdings mit Anlauf gemessen, erreichen die 7er-Spieler Höhen von 76 cm. Auch bei den Sprintzeiten über 10 m und 40 m erreichen sie noch bessere Werte, 1,6 Sekunden über 10 m und 5,0 Sekunden über 40 m. Beim 40-m-Sprinttest wurden aber sowohl für Ausnahmeathleten des 15er- als auch des 7er-Rugbys regelmäßig Werte unter fünf Sekunden gemessen.

Bedenkt man, dass Usain Bolt bei seinem Weltrekord über 100 m aus dem Jahr 2009 die 40-m-Zeitschranke nach 4,64 Sekunden passiert hat, dann erkennt man die Bedeutung, die die Schnelligkeit im modernen Rugby einnimmt. Vergleicht man die VO_2max-Werte (Kennzahl der aeroben Ausdauer, in ml/kg/min) von Rugbyspielern mit Spitzenathleten anderer Sportarten, so liegen diese mit durchschnittlich 54 ml/kg/min eher im Mittelfeld. Daraus lässt sich schlussfolgern, dass der aeroben Energiebereitstellung eher eine Bedeutung als Grundlagenausdauer vornehmlich für eine gute Regenerationsfähigkeit zukommt. Leistungsbestimmend sind demnach andere Mechanismen, namentlich die laktazide und alaktazide anaerobe Energiebereitstellung.

Entsprechend dieser Erkenntnisse kann auf Tests zur Ermittlung des VO_2max-Wertes zugunsten anderer Ausdauertests verzichtet werden. Dem Intervallcharakter der Spielbeanspruchungen tragen intermittierende Testverfahren Rechnung.

Beim Yo-Yo-IRTL1-Test erzielen internationale Topathleten des 7-a-Side-Rugbys Spitzenwerte von Level 20 bis zu 22. Die Messwerte beim Repeated-Sprint-Ability-Test liegen bei 780 m und decken sich damit mit denen der 15er-Rugby-Hintermannschaftsspieler. Allerdings wird der Test aufgrund der höheren Laufintensität und geringeren Pausen im 7er-Rugby auch als *Repeated Sprint Double* getestet. Dabei wird der Testablauf mit einer kurzen Pause zweimal durchlaufen und es werden dabei Werte von 1.540 m erwartet.

Im Vergleich zum 15er-Rugby ist das 7er-Rugby deutlich athletischer. Sieben gegen sieben Spielerinnen oder Spieler auf einem Spielfeld von 60 x 100 m erfordern nicht nur eine sehr gute Ballbehandlung, sondern auch eine Menge Ausdauer und Schnelligkeit. Dazu das Auge für freie Räume.

10.3 WEGE ZUM RUGBYSPORT

Mit Rugby können Kinder und Jugendliche schon früh beginnen, bietet die Sportart doch eine Menge an Crossovers zu anderen Sportarten und ist alles andere als körperlich einseitig.

Kinder und Jugendliche für Rugby zu begeistern, das ist das Ziel der von World Rugby weltweit durchgeführten Initiative „Get into Rugby".

Über Aktionen und Maßnahmen wie „Get into Rugby" werden in mehr als 100 Ländern Kinder mit dem Rugbysport in Verbindung gebracht, von Indien bis USA, von Südafrika bis Brasilien, von Deutschland bis Thailand. Der Run auf die Sportart ist groß und das aus verschiedenen Gründen. Während in Schwellenländern die Olympischen Komitees den Mehrwert in der Entwicklung vor allem in der Tatsache sehen, dass die Kinder und Jugendlichen von der Straße sind und in der Sportart Rugby nicht nur physisch ausgebildet werden, sondern auch Werte wie Teamgeist, Disziplin, Respekt und Integrität vermittelt bekommen, ist es in einigen europäischen Ländern vor allen eine gewisse Müdigkeit gegenüber dem Fußball. So kann sich beispielsweise in Deutschland der Deutsche Rugby Verband vor Schulanfragen kaum retten, die er gerne an die Landesverbände und Vereine weiterleitet.

10.4 TRAINING

Das Training im Rugby unterteilt sich wie auch in allen anderen Sportarten in Technik-, Taktik- und Konditionstraining. Wer glaubt, dass es hier auf schiere Kraft ankommt, hat sich getäuscht. Rugby ist eine sehr technische Sportart, was klar wird, wenn man sich das etwas andere Sportgerät ansieht: den eiförmigen Ball, den es gilt, mit möglichst viel Eigenrotation zu spielen, damit er in möglichst ruhiger Position die fangenden Hände des Mitspielers erreicht. Dazu kommt Technik in den Rugs.

Neben der Technik spielt die Taktik eine wesentliche Rolle beim Rugby – gleichgültig, ob beim 7er- oder beim 15er-Rugby. Und erst ganz zum Schluss kommen die konditionellen Eigenschaften wie Kraft, Schnelligkeit, Ausdauer und Beweglichkeit, die den perfekten Spieler oder die perfekte Spielerin ausmachen.

In den Altersklassen wird das Training behutsam aufgebaut – keine direkten Kontakte oder Tackles im Schüleralter. Die Spieler müssen erst lernen zu tackeln. Gleiches gilt für den behutsamen Aufbau der körperlichen Fähigkeiten mittels Krafttraining. Man nutzt die sensiblen Phasen im Trainingsprozess der Nachwuchsspieler, um Schnelligkeit und Koordination ebenso altersgemäß auszubilden, wie etwa den Bereich Kraft.

Auf die Ausbildung der Spieler legen die nationalen Verbände ebenso wie der Weltverband großen Wert, um das Spiel weiter zu entwickeln und den Spielern eine sichere und attraktive Sportart zu bieten.

Wer sich für das Training interessiert, findet in Deutschland 125 Klubs, bei denen Rugby gespielt wird. Tendenz steigend. Über die Webseite des Deutschen Rugby Verbandes findet man auch einen Verein in seiner Nähe. Wer in einem Rugbycamp eine Einführung in den Sport erleben möchte, kann über das Wochenende und/oder in Feriencamps unter **www.rugbycamps.berlin** für alle Altersklassen ein Bootcamp buchen.

★ 11 ★

AUSBLICK: RUGBY WORLD CUP JAPAN 2019

Die neunte Auflage des Rugby World Cups findet 2019 zum ersten Mal in Asien statt. Die Austragungsorte der Spiele verteilen sich über 12 Städte in Japan.

Es wird wieder ein Rugby World Cup der Superlative werden – das verspricht zumindest World Rugby und der japanische Rugby Verband. Für das sechs Wochen dauernde Turnier werden 400.000 internationale Besucher erwartet. Im April 2019 war die Ticketnachfrage bei fünf Millionen Tickets für 1,8 Millionen verfügbare Tickets für die 48 Spiele. Um eine reibungslose Veranstaltung zu gewährleisten, bedarf es nicht nur eines professionellen Managements, sondern auch 13.000 freiwilliger Helfer.

20 Teams haben sich für den Rugby World Cup in Japan qualifiziert. Das letzte Ticket zog Kanada beim Repechage-Turnier im Oktober 2018 in Frankreich, als man sich gegen Deutschland, Kenia und Hongkong durchsetzte.

Es wird in vier Gruppen zu je fünf Mannschaften gespielt. Die ersten beiden in der Gruppe qualifizieren sich für die Viertelfinals und damit für die K.-O.-Phase.

Gruppe A: Irland, Schottland, Russland, Japan, Samoa

Gruppe B: Neuseeland, Südafrika, Namibia, Italien, Kanada

Gruppe C: England, Frankreich, USA, Tonga, Argentinien

Gruppe D: Australien, Wales, Fidschi, Uruguay, Georgien

Die vier Sieger des Viertelfinales spielen jeweils die Semifinals, die Sieger gelangen in das Finale und die Verlierer spielen den dritten Platz im „kleinen Finale" aus.

Das Eröffnungsspiel zwischen Japan und Russland findet am 20. September 2019 um 12.45 Uhr lokaler Zeit in Chofu/Tokio statt. Der Weltmeister wird dann am Samstag, den 2. November 2019, um 10.00 Uhr im Finale von Yokohama im *International Stadium* ermittelt.

Favorit des Turniers ist Titelverteidiger Neuseeland – die All Blacks. Bereits dreimal konnte das Team den Rugby World Cup gewinnen: 1987, 2011 und 2015. In Japan haben die All Blacks die einzigartige Möglichkeit, Sportgeschichte zu schreiben, denn mit einem Sieg hätten sie nicht nur ihren vierten WM-Titel, sondern auch einen Hattrick – drei Weltmeistertitel in Folge – gewonnen. Das hat bisher keine andere Mannschaft in einer anderen Sportart jemals geschafft! Zwar sind die Neuseeländer die Mannschaft mit den meisten Siegen bei Rugby World Cups, aber der Weg zum dritten Titel in Folge dürfte schwer werden, wie die Verteilung in den Gruppen zeigt.

Zwar haben die All Blacks, die seit acht Jahren die Weltrangliste anführen, noch kein Spiel in der Gruppenphase eines Rugby World Cups verloren, aber in Japan treffen die Spieler von Steve Hansen bereits in der Gruppenphase, neben Kanada, Italien und Namibia, auf Rugby-Powerhaus Südafrika. Auch wenn die All Blacks In den letzten 108 Spielen 96-mal als Sieger vom Platz gingen – jede Serie hat auch einmal ein Ende. Das möchte Trainer Steve Hansen, für den dieser Rugby World Cup der letzte sein wird, wie er im Dezember 2018 verkündete, natürlich in jedem Fall verhindern.

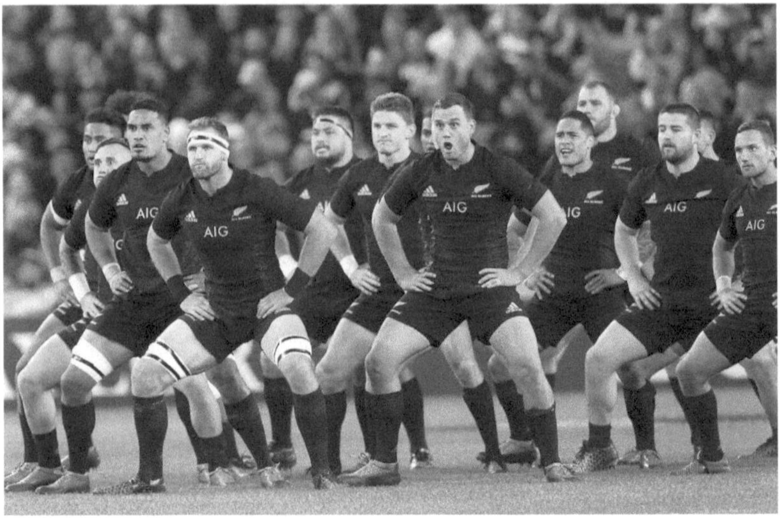

Die All Blacks zeigen das traditionelle Haka vor jedem Match.

Wer die Mannschaft von Trainer Steve Hansen den Haka tanzen sehen möchte, sollte sich folgende Termine notieren:

★ All Blacks gegen Kanada am Mittwoch, den 2. Oktober 2019

★ All Blacks gegen Namibia am Sonntag, den 6. Oktober 2019

★ All Blacks gegen Italien am Samstag, den 12. Oktober 2019

Die Gruppe A mit dem Weltranglistenzweiten Wales, Irland (3.), Schottland (7.), Japan (11.), Samoa (17.) und Russland (20.) ist ebenfalls eine Gruppe mit einer hohen Leistungsdichte.

Wales, mit dem Sieg beim diesjährigen Six-Nations-Turnier im Rücken, dürfte hier sicherlich Favorit auf den Gruppensieg sein. Aber auch der „ewige Geheimtipp" Irland ist neben Samoa nicht zu unterschätzen. Mit dem Heimvorteil und ihrem Nationalstolz sind die Augen auf Gastgeber Japan gerichtet. Das japanische Rugby hat in den letzten Jahren deutlich aufgeholt und bekanntermaßen auch schon Siege gegen Topnationen wie Südafrika eingefahren.

Auch die Gruppe C mit England (4.), Frankreich (8.), Argentinien (10.), Tonga (13.) und den USA (15.) hat es in sich.

Da sind natürlich zunächst die Engländer. Als einziges Land der Nordhalbkugel Weltmeister 2003 und zweimal im Finale (1991 und 2007). Von den glorreichen Zeiten ist man allerdings schon ein paar Jahre entfernt. Beim Rugby World Cup 2011 in Neuseeland verlor man bereits im Viertelfinale und die absolute Schmach dann 2015 im eigenen Land, als man nicht einmal über die Gruppenphase hinauskam.

Es wird interessant sein zu sehen, wie Eddie Jones die Engländer auf dieses Turnier vorbereitet hat und das Team während des sechswöchigen World Cups managt. Auch Frankreich wartet seit einigen Jahren auf internationale Erfolge und das Ergebnis bei den diesjährigen Six Nations mit einem vierten Platz passt in diese sportliche Tristesse sehr gut hinein. Anders könnte sich der Newcomer USA präsentieren, der sicherlich für die eine oder andere Überraschung gut sein könnte, ebenso wie Argentinien.

Die ersten beiden der Gruppen qualifizieren sich für die Viertelfinalspiele. Die eine oder andere Topnation wird also ihre WM-Träume schon früh begraben müssen.

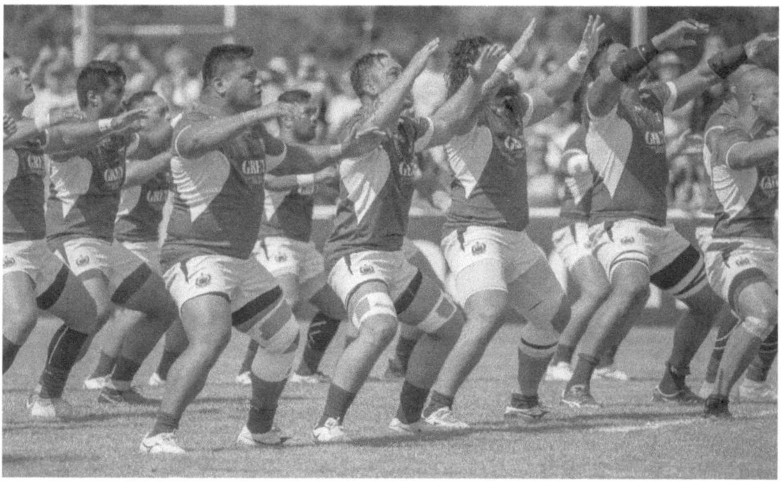

Das U20 Team von Samoa beim Siva Tau, der ähnlich wie der neuseeländische Haka vor dem Spiel aufgeführt wird.

★ 12 ★

ZUKUNFT DES RUGBYSPORTS

Obwohl sich der Rugbysport erst vor gut 25 Jahren professionalisiert hat, war die Entwicklung der Sportart und ihrer beiden Formate in den vergangenen zwei Dekaden immens. Man kann den Eindruck gewinnen, dass das Momentum in den vergangenen Jahren noch zugenommen hat. Nach Rugby 1.0 (nach Gründung des Weltverbandes), Rugby 2.0 der erste World Cup 1987, Rugby 3.0 – Professionalisierung 1995 und Rugby 4.0 – Wiederaufnahme in die olympische Familie 2009, scheint mit dem nächsten Evolutionsschritt Rugby 5.0 – die Zeit nach den Olympischen Spielen 2016 und dem ersten olympischen 7er-Turnier seit 92 Jahren eine neue Zeitrechnung angebrochen zu sein.

World Rugby ist in der Lage, immer mehr globale Sponsoren zu gewinnen, die sich im Sport engagieren. Firmen wie DHL oder BMW, aber auch Unternehmen wie Unternehmensberatungen wie Ernest & Young (EY) oder Capgemini, die „Innovationspartner" von World Rugby und den globalen Events geworden sind. Ein strategisch kluger Zug, denn die Herausforderungen auch für eine Sportart wie Rugby heißen u. a. Digitalisierung.

Aber auch hier ist der Weltverband und sein CEO Brett Gosper nicht untätig. Mit der Agentur *Strive* hat man einen Partner gefunden, um die

Möglichkeiten in dem stark wachsenden E-Sport-Markt auszuloten und Möglichkeiten zu erarbeiten, wie man Rugby hier positionieren könnte. Fast schon demütig kommentiert denn auch Tom Hill, Chief Commercial Officer bei World Rugby: „Wir sind sehr daran interessiert zu lernen, was und wie der Bereich Gaming und E-Sports funktioniert, bevor wir eine Entscheidung treffen, ob und wie wir uns hier engagieren, um unsere Ziele zu verfolgen."

12.1 NEUE INTERNATIONALE FORMATE

Das 7er-Rugby ist sicherlich eine wichtige Weiterentwicklung des Sports, es kann überall gespielt werden, benötigt nicht mehr als 14 Spieler (inklusive Auswechselspieler) und wird von Männern wie Frauen gespielt. Dazu kommt die einzigartige Atmosphäre bei den Turnieren. Aber schon sind neue Formate und Codes im Gespräch und werden getestet.

Beach-Rugby könnte eine der nächsten großen Abwandlungen sein. Sportarten wie Fußball, Beachvolleyball und Handball haben es vorgemacht. Mit dem kleineren Spielfeld von 20 x 40 m kann man sogar in Städte gehen und dort Veranstaltungen direkt auf Plätzen und Fußgängerzonen veranstalten. Auch hier machen es Leichtathleten und Beach-Volleyballer seit fast 20 Jahren vor, wie es erfolgreich umgesetzt werden kann.

Hat man die entsprechenden Hallen, wären sogar Indoor-Rugby-Turniere in den Wintermonaten möglich. Während es in London an der Tower Bridge jahrelang ein solches Beach-Rugby-Turnier gab, prüft man nun schon die Variante in der Londoner O_2 World.

Eine weitere Variante, kommt vom Trainer des Olympiasiegers Fidschi, Ben Ryan, und nennt sich *Rugby X*: eine schnellere und kürzere Indoorversion des 7er-Rugbys.

Das erste Turnier soll Ende Oktober 2019 in der Londoner O_2-Arena stattfinden. Es besteht aus sechs Herrenmannschaften und vier Frauenmannschaften, die aus internationalen 7er-Rugbyspielern aus der ganzen Welt bestehen.

Ryan ist es gelungen, *BBC Sport* und World Rugby von seiner Idee zu überzeugen, denn nach seiner Ansicht, könnte das Spiel vor allem im Nachwuchsbereich eingesetzt werden und neue Fans für den Sport gewinnen. „Ich sehe den Code nicht als Konkurrenz zum 15er-Rugby oder zum 7er-Rugby, sondern als Ergänzung und wichtiges Werkzeug, dem 7er-Rugby zu helfen."

Rugby X besteht aus fünf Spielern pro Team, die Vollkontakt spielen, 10 Minuten lange Spiele ohne Halbzeitpause, keine Line-outs, keine Neustarts und keine Möglichkeit einer Erhöhung nach Versuchen, während der Scrum bestehen bleibt.

Rugby X – so geht es:

★ Gespielt auf einem Feld von 32 m x 55 m

★ Fünf Spieler pro Team

★ 10 Minuten pro Spiel ohne Halbzeit

★ Ein- und Auswechslungen

★ Gedränge mit je 3 Spielern pro Mannschaft

★ Keine Line-outs – der Ball wird von einem „aktiven Ersatzspieler" zurückgespielt

★ Keine Erhöhungskicks

★ Spiel startet nach einem Punkterfolg von der Torlinie aus und nicht von der Mittellinie.

★ 13 ★

NACHSPIELZEIT

Ich würde mich freuen, wenn ich Ihnen einen ersten Eindruck von der globalen Sportart Rugby, seiner Geschichte, dem Training und den Regeln, seinen Meisterschaften und Turnieren und einigen seiner Protagonisten vermitteln konnte. Schauen Sie doch bei einem der 125 Rugbyklubs selbst einmal vorbei zum Ausprobieren oder Zuschauen – ob 7er-Rugby, 15er-Rugby oder die körperlosen Varianten Touch und Tag Rugby.

Freuen Sie sich darauf, Weltklasserugby bei den Oktoberfest 7s in München live zu erleben, oder den Rugby World Cup in Japan und die Olympischen Spiele in Tokio 2020 zu erleben – vielleicht mit deutscher Beteiligung! Ich wünsche Ihnen viel Spaß dabei und spannende Sportunterhaltung.

★ 14 ★

ANHANG

1 WEBSEITEN DER VERBÄNDE UND MEDIEN

★ Verbände

- World Rugby https://www.world.rugby/
- Deutscher Rugby Verband https://www.rugby-verband.de
- Japanischer Rugby Verband http://en.rugby-japan.jp
- Englischer Rugby Verband https://www.englandrugby.com
- Schottischer Rugby Verband http://www.scottishrugby.org
- Irischer Rugby Verband https://www.irishrugby.ie
- Walisischer Rugby Verband http://www.wru.co.uk
- Französischer Rugby Verband http://www.ffr.fr
- Australischer Rugby Verband http://www.rugbyau.com

- Neuseeländischer Rugby Verband http://www.nzrugby.co.nz
- Rugby Verband Südafrika http://www.sarugby.co.za
- Rugby Verband USA https://www.usarugby.org
- Rugby Verband Argentinien http://uar.com.ar

★ Rugbymedien

- Rugby Pass https://www.rugbypass.com
- Total Rugby http://www.totalrugby.de
- Planet Rugby https://www.planetrugby.com
- Rugbyworld https://www.planetrugby.com
- Ran
- Fox Sports https://www.foxsports.com.au
- Planet Rugby https://www.planetrugby.de

★ Wirtschaftsdienste, die über Rugby berichten

- Ernst Young
- Deloitte

★ Rugby Data: http://www.rugbydata.com

2 QUELLEN

- https://www.deutschlandfunk.de/rugby-wm-leidenschaft-in-frankreich.1346.de.html?dram:article_id=332916

- https://www.radionz.co.nz/news/sport/365914/rugby-world-cup-the-facts
- https://www.theguardian.com/sport/that-1980s-sports-blog/2015/sep/11/rugby-union-world-cup-1987-never-happened
- https://www.thetimes.co.uk/article/cvc-in-500m-six-nations-bid-x7nbf038j
- https://www.ft.com/content/a06ecac2-458d-11e9-b168-96a37d002cd3
- https://www.express.co.uk/sport/rugby-union/914013/Six-Nations-2018-prize-money-sportgalleries
- https://esportsinsider.com/2019/04/world-rugby-appoints-strive-sponsorship-to-evaluate-esports-opportunities/
- https://www.theguardian.com/sport/2019/mar/14/six-nations-nations-championship-5bn-carrot
- https://www.bbc.com/sport/rugby-union/47571016
- https://www.bbc.com/sport/rugby-union/47639897
- https://www.world.rugby/video/403128
- https://www.sueddeutsche.de/sport/ueberraschung-bei-rugby-wm-erinnerungen-an-die-apartheid-1.2656042
- https://www.sueddeutsche.de/sport/start-der-rugby-wm-drei-milliarden-wollen-die-all-blacks-sehen-1.2652493
- https://www.sueddeutsche.de/sport/rugby-in-deutschland-olympia-und-die-starken-maenner-1.2391851
- https://theoffsideline.com/heidelberger-excluded-from-challenge-cup/
- https://www.theroar.com.au/tv/david-lord-the-importance-of-rugby-turning-professional/

- https://www.theroar.com.au/2017/06/08/lord-speaks-pushed-professional-rugby-80s/
- https://www.theguardian.com/sport/that-1980s-sports-blog/2015/sep/11/rugby-union-world-cup-1987-never-happened
- https://www.sportindustry.biz/about-us/people/brett-gosper#cy80iPJASyoIxcZz.99
- https://www.irishexaminer.com/breakingnews/business/leinster-rugby-annual-66m-dividend-for-dublin-economy-as-rds-applies-to-build-new-stand-853301.htm
- https://www.world.rugby/rankings/mru
- https://www.rugbyworldcup.com/
- https://www.mycanal.fr/divertissement/interview-de-hans-peter-wild/h/11663405_50001

CVC Infront und IMG

- http://www.sportspromedia.com/news/world-rugby-six-nations-sanzaar-los-angeles
- http://www.sportspromedia.com/news/world-rugby-unions-nations-championship-infront
- http://www.sportspromedia.com/news/img-six-nations-world-rugby-investment
- http://www.sportspromedia.com/news/six-nations-infront-private-equity-world-rugby-unions
- http://www.sportspromedia.com/news/world-rugby-nations-championship-broadcast-tournament

3 LITERATUR

Bompa, T. & Claro, F. (2009). *Periodization in in Rugby*, Meyer & Meyer: Aachen.

Carter, D. & Greive, D. (2015). *Dan Carter – the autobiography of an All Blacks Legend*. Headline Publishing: London.

Erskin, J. (2015). Building Jerusalem. *Dokumentarfilm (UK).*

Gallagher B. (2015). *The Rugby World Cup – The definite Photographic History*, Bloomsbury Publishing: London.

Du Preez, M. (2001). *Louis Luyt – Unauthorised*, Zebra Press: Kapstadt.

Harris, J. (2010). *Rugby Union and Globalization*, Palgrave Macmillan: London.

Malin, I. (1997). *Mud, Blood and Money.* Mainstream Publishing: Edinburgh.

Nielsen Sport Umfrage (2018). Nielsen Sport GmbH, Köln.

Oediger, F., Fachzeitschrift Sponsors, *Das Geschäft mit dem Ei*, Ausgabe 12/2015.

Saak, F., Berends, G. (,2008). *Rugby in der Schule*, Hofmann Verlag: Schorndorf.

Stemmler, T. (1998). *Kleine Geschichte des Fußballspiels* Inselverlag: Frankfurt a.M.

Thomas P. (2003). *A Whole new Ball Game*, Hodder Moa Beckett: Auckland.

Wyatt, D. (1995). *Rugby in Disunion*, Cassell Group: London.

Wyatt, D. & Herridge, C. (2003). *The Rugby Revolution*. Metro Publishing Ltd: London.

4 BILDNACHWEIS

Coverfoto: dpa

Fotos Innenteil: S. 24, 48, 74, 104, 132, 133: dpa picture alliance,
S. 40: AdobeStock

Lektorat: Dr. Irmgard Jaeger

Coverlayout/Innenlayout: Annika Naas

Satz: ZeroSoft, Timisoara